学校を非学校化する

新しい学びの構図

里見実

太郎次郎社

目次

II　いま、なぜフレネか

III　世界を読み解くということ　99

I

脱学校から非学校化へ

1 脱学校の思想

❶ エヴァレット・ライマー『学校は死んだ』

エヴァレット・ライマーの『学校は死んでいる』(School is Dead)の日本語版(松居弘道訳・晶文社)の追いがきで、ライマーはこんなことを言っている。

「『学校は死んでいる』の原著がでてから、もう十五年を経たが、その間にも学校はますます肥大化している。しかしそれが健康な成長と無縁であることは、学校が生徒、教師、親のいずれにも不人気であるという事実をみるだけで明らかである。この十五年間にもうひとつ明らかになったことがある。学校はたんに死んでいるだけではなく、死をもたらすものになったということだ――文化にたいして、そして人間生活の死活にかかわるものすべてにたいして」

学校はますます死の様相をふかめつつある。学校の死は、そこに学ぶ生徒たちから、生きる知恵と力を剥奪するというかたちで進行する。学校は死をもたらす。

そのライマーの指摘をうらがきするかのように、学校では、「人間生活の死活にかかわるものすべて」を手ばなしてしまった子どもたちが陰湿にいじめあい、自傷し、あるいは、みずからのいのちを断ちつづけている。そんななかでこの本は翻訳された。時宜を得た、というべきかもしれない。

さて、ライマーがこの書物のなかでこころみていることは、一言でいえば、学校にたいする幻想、学校がつくりだす幻想を〈批判〉することである。批判のなかには、期待が幻想であることをあばくしごとと、その幻想が人をどこにみちびくかを検討するしごとがふくまれている。また、その幻想が、なぜ、うみだされ、なぜ、人びとをとらえるかということの分析もふくまれるだろう。

ライマーの批判は、どちらかというと、まえの二つに重きがおかれているように思われる。だからわれわれも、そこに力点をおいて、彼の議論をフォローすることにしよう。

「学校教育は人間の事業の中でも最も高価なものになった」と、ライマーはいう。どこの国でも、学校についやされる費用は、国民所得の伸びをはるかに上まわるはやさで上昇している。

「プエルトリコでは、一九六五年の国民所得は、一九四〇年と比較して十倍に伸びている。その間、就学者数は二倍以上に伸びたが、学校教育費の方は二十五倍も増大している」

学校は、あらゆる国民のあいだで、旧来の価値配分機能を肩がわりする制度となった。身分や宗教や私有財産にかわって、学歴や学業成績が、将来の収入や職業や階層帰属を決定する切り札となった。それはすべての人間に、よりよい収入とよりよい仕事にちかづく対等な機会を約束する。扉はすべての子どもにむかって開かれている、という。じじつ、まずしい労働者や農民の子弟をむかえいれることによって、学校の大衆化はどこの国でも急速にすすんでいる。

だが、学校が大きく扉をひらくのは、いったん迎えいれた者の大多数を、ふたたびふりおとし、しめだすためだ。プエルトリコの就学者は二倍にふえたが、一九六〇年度において、

「小学校の新入生の半分は二年にすすまず、二年生の半分は三年にすすんでいない。四分の三は読むことすら覚えないうちに落ちこぼれる」

と、ライマーはいう。

「それでも彼らが学んだことはある。つまり自分がどんなに学校に不向きか、自分の着ているものがどんなに見すぼらしいか、自分の行儀がどんなに悪いか、進級する子どもたちと比べて自分がどんなに馬鹿かということを、彼らは学んだのだ」

それを学んだおかげで、少数者のより大きな権力や威信、それにくらべたときの彼らの貧しさや政治的無力は、より受けいれやすいものとなるのだ。特権的な階層構造は、能力にもとづく自由な競争の結果として聖化される。

この儀式——なにかを約束して、やがて、その否定の道具となるこの儀式は、個人にとってもまた社会にとっても、ますます大きな資金を吸収する「高価な事業」となりつつある。とくに所得のすくない貧しい個人や国家ほど、その貧しさからの脱却をもとめて、乏しい収入のなかのより大きな部分を、教育の費用として投入する傾向がある。

この点を、よりたちいって分析しているのはロナルド・ドーアの『学歴社会——新しい文明病』(The

Diploma Disease 1976 松居弘道訳・岩波書店）なので、ついでに紹介しておくと、普遍的な文明病といわれている学歴信仰は、じっさいにはイギリスのような先進工業国よりも、むしろ後進国のほうが顕著であり、スリランカやタンザニアのような経済発展速度のおそい地域ほど、学歴偏重主義と受験中心主義が教育を支配することになりやすいという。だが、学歴が重要視され、就学者や進学者が増大すれば、そのぶんだけ学歴インフレとでもいうべき現象もまた顕著になる。「卒業そく失業」の悲哀をさけようとすれば、さらに上級の学校に、より多くの金をかけて進学するほかはない、ということになる。実際にそれができるのは、むろん貧民の子弟ではない。過大な負担にたえることのできない大部分の大衆にとっては、学校が約束する現世的な恩恵は、馬のはな先三寸にゆれているおとりのにんじんの如きものにすぎない。

ドーアが問題にしているのは、このような学歴主義教育が示す愚弄的な非効率性である。ライマーによれば、それはむしろ学校そのものの本質に由来するものであるということになるだろう。人間の思考能力と自治能力をたかめるという観点からみれば、学校教育は、そこに投入される資金と時間の巨大さをあざけるかのように、徹底的に非生産的である。だが、べつな観点にたつならば——すなわちロナルド・ドーアの観点、教育を、特権的な階層構造を再生産し、テクノクラートと受動的な大衆を二極化する装置として考えるならば——学校は、先進国においても、また後進国においても、きわめて効率的にその機能を遂行しているということになるであろう。ライマーはドーアのように、単純に学校教育の非効率性を問題にしているわけではない。学校の死は、ある種の効率性とうらはらなのだ。

学校は人びとの教育に対するニーズをみたすという点では、かならずしも効率的ではない。また、効率的であることを必要ともしない。そのかわりに学校は、人びとのニーズにたいする対応を制度化し、それを制度的なサービスにたいする需要にかえる。学ぶという行為は、学校が提供するサービスの消費となる。それ以外にはもはや学ぶという行為は存在しえないかのように、人びとは思いこまされたうえで、今度はそのサービスの稀少性を示される。にんじんは少数の勝者のために留保されており、したがって、消費する者はたえず走りつづけなければならないのである。

産業社会では、保健や治療は、医師や病院のサービスの消費となる。つくること、あそぶこと、みずからを表現することすらもが、なにかの商品を「買う」こと、消費することに還元される。それらの消費はつねに競争的であり、すべての人びとを市場に誘いこむと同時に、その代価を支払うことのできぬ者をそこから排除する。学校は、こうした消費競争のなかに人びとをみちびき、彼を依存的な立場にとじこめるという意味できわめて教育的である。

ライマーの以下のパラグラフは、彼の学校論の要諦を示すものといえるかもしれない。

「学校へ行くときまでは、子どもたちは自分たちの身体のつかい方も、言葉づかいも感情の制し方も、すべてを自分で学習した。彼らは自分に依拠して何かをおこなうことを学んだし、自分の発意で学習することはよいことだと思いこまされてきた。学校にはいると、それらの価値はくつがえされた。何を、いつ、どこで、どのように学習するかは、他人がきめるのだ。子どもたちは他人に依存して勉強することがよいことなのだと知らされる。教えられたことには、それだけの価値があり、逆に大切なことなら誰かが教えてくれるものだということを彼らは学ぶのである」

「学校は、それじたいが支配の制度なのだ。機会を提供するネットワークではない。学校はある製品を開発して、それを教育と称して客にうりつける。もっぱら子供に狙いを集中して、彼らをより無批判なお得意さんにしてしまう。そうしたうえで、こんどは、ほかの支配の制度がつくりだす製品を、賞品として子どもたちの目のまえにぶらさげるのである。両親は、彼らじしんのためというよりもむしろ子どもたちのために、それらの賞品をほしがる。ばら色の未来を彼らに売りつけるのは、どんな幻想を売りこむのよりも、もっと簡単だ」

❷ イヴァン・イリイチ『学校化された社会』

よく知られているように、ライマーの『学校は死んでいる』は、『脱学校化社会』の著者であるイヴァン・イリイチとの密接な共同研究の過程で書かれたものであり、それゆえに、二つの労作の論点は、たがいに大きくかさなりあっている。とはいえ、アクセントのおきかたにおいても、論旨の展開の方向においても、両者のあいだにはかなり大きな相違がみられるので、以下、イリイチのデスクーリング論の特徴を簡単に見ておくことにしたい。

一言でいえば、イリイチは、ライマーの学校批判を、現代社会批判の方法としておしひろげ、全体化したといってよいだろう。イリイチの主要な問題意識は、学校そのものの批判よりも、学校の神話をうみだし、その幻想を肥大化する社会、いわば学校化された社会の批判にむけられている。

イリイチにとっては、学校は、神なき社会の教会、現代消費社会の世界宗教という意味あいをもっている。教会は、社会の神話と儀礼をみずからのうちにたくわえ、また、その儀礼をとおしてシステムとそれをささえる諸行為を再生する。学校という名の現代の教会もまた、その諸儀礼をとおして、「漸進的に消費をふやすという神聖なレース」に、新参者たちをみちびき入れる。そうして学校は、いわばみずからをモデルにしながら、消費社会を再生産するのである。このイリイチの分析視角は『脱学校化社会』の冒頭の一節のなかに、すでに明瞭にあらわれている。

「多くの学生たち、とりわけ貧しい学生たちは、学校が彼らにむかって何をするかを、直観的に察知している。学校は、学生たちが手順と内実を混同するように、彼らを学校化するのである。手順と内実の関係がぼやけてくると、人はあたらしい論理でものを考えるようになる。手当てをほどこすことが多ければ多いほど、それだけ結果はよくなるとか、階段をのぼっていけば、それで成功は得られるというわけである。こうして生徒は『学校化』され、その結果として、教えられることと学ぶこととを混同するようになる。進級することはそれだけ教育を受けたこと、免状をもらえばそれだけ能力があること、流暢に話せれば何かあたらしいことを言う能力があることだと取りちがえるようになる。彼の想像力も『学校化』されて、価値の代わりに制度によるサービスを受けいれるようになる。医療をうけることが健康に注意することと、社会福祉事業が地域社会の暮らしの改善と、警察による治安の強化が安全と、軍事力の均衡が一国の安全保障と、ネズミ競走がプロダクティブな労働と、かんちがいされる。健康、学ぶこと、人間的尊厳、独立、創造的努力といったようなものは、なんのことはない、これらの目的に奉仕するると称するもろもろの制度のパフォーマンスと定義され、その改善はもっぱら、病院、学校、その他の当該諸機関の運営に、さらに多くの資源をふりあてることによって達成される、ということになる」

文頭の“They school them to confuse process and substance.”の動詞 schoolは「就学させる」ではなくて、「学校化する」と訳すべきであろうと、山本哲士が指摘しているが、私もそう思う(『学校の幻想幻想の学校』新曜社)。schoolを動詞としてもちいたとき、イリイチのあたまには、evangelize(福音化＝キリスト教化する)という、これもまた名詞から派生した一つの類似語が、倍音としてひびいていたのかもしれない。学校化とは一つの福音をうけいれる改宗行為《イニシエーション》であり、その福音をうけいれた人びとは、「手順《プロセス》と内実《サブスタンス》を混同」する。より高次の秘蹟をうけることによって、もしくはより多くの免罪符を購入することによって、魂はそれだけ浄化され、救いはいっそうたしかなものになるのである。もっとも近代資本主義社会では、いくら「手順」をかさねても、救いはかならずしも確約されるわけではない。ルターやカルヴァンにとっては、多くの富を蓄積することは、みずからの救いの可能性をあかしするものであったが、とはいえ神の選びはすでに予定されたものであって、いくらプロセスをふんではいても、予定からもれている者は結局は天国から排除されるほかはない。だが、その不安があるからこそ逆に、信徒たちは、自分が恩寵への選びにあずかりうる者であることのあかしをもとめて、神の栄光の実現に、すなわち異教徒の福音化とこの世の富の蓄積に献身するわけである。不安は、よりはげしい精進を、より過激な制度への自己包絡をうながす原動力でもあるのだ。
ライマーがどちらかといえば、学校から排除される人間の視座から、学校の幻想性・欺瞞性を告発しているのにたいして、イリイチは、むしろ学校の諸儀礼のなかにまきこまれ、人びとがその神話に同化しつつ「福音化」されていく過程に、よりおおくの注意をはらっているといえるかもしれない。学校化は一つの普遍的な宗教としてすべての人びとをとらえるのであって、ドロップアウトした人間もまた、そのワナから自由でありうるわけではないのである。

ギリシア神話によれば、大地の女神であるパンドラは自分の壺からあらゆる悪を解き放ったが、しかし彼女は、希望が逃げないうちに蓋をしめた。大地の女神が解き放った諸悪をおさえこむために、プロメテウスが――われわれの時代のプロメテウスがおこなったことは、自然と運命に対抗して、巨大な人工的世界を不断に構築しつづけることであった。とはいえ、大地の女神がみずからのもとに留めおいた希望が、それによって解き放たれるわけではない。逆だ。希望もまた幽閉され侵害される。そしてプロメテウス的人間は希望を期待におきかえた、とイリイチはいう。希望とは人間の善を信頼することだが、期待とは人間によって計画され制御された結果に頼ることだ。制度があたえる満足を待ちのぞむことだ。欲望や要求は、制度が供給するサービスに適合するように、たえず人為的に形成されねばならないのである。(それをイリイチは価値の制度化とよぶ。)こうしてつくりだされた期待によって、人工的な環境や制度は、はてしなく拡大し成長する。だが、進歩はほんとうに無限なのか?　はてしない進歩と成長が、すなわち人類の死を意味する終末論的状況のなかでわれわれは生きているのではないだろうか。

イリイチの脱学校化論は、期待をすてて希望を再発見するための戦略的な提案としてかかれている。人間が生きのこるためには、制度的なサービスにたいするこの期待の体系から「プラグを抜く」ことがまず必要なのだ。

「私は信じている。のぞましい未来の成否のいかんは、われわれが消費する生活よりも行為する生活を意識的にえらびとるかどうか、われわれが自発的で独立的でありながら、同時におたがいに関係しあうことができるようなライフスタイルをうみだすことができるかどうかにかかっていると。つくっては廃棄し、生産しては消費する以外にないライフスタイルをこれいじょう維持することは、資源の涸渇と環境汚染への道行きをあゆむことでしかない」

価値を制度化し、サービスを受ける(＝消費する)ことを人びとに習慣づける制度的な装置は、もちろん学校だけではない。すべての産業、すべての行政的諸制度が、そうした機能をになっている。しかし学校は、他のどれよりも深く、より系統的に人びとを虜《とりこ》にする、とイリイチはいう。教えられることを学び、みずから行為することを手ばなした「生徒たち」によって、学校化された産業社会が再生産される。「一度、学校の必要性をうけいれてしまうと、人々は学校以外の制度の必要性をも容易にうけいれるようになる」。若者たちは人生のかどぐちで、学校によって〈あらかじめ疎外される〉のである。

人はみずからを学校から解放することなしには、増大する消費のワナから自由になることはできない。「じっさいには、学ぶということは、他者による操作をもっとも必要としない人間的活動なのである。たいていの学習は、教授の結果ではない。それはむしろ他人に妨げられずに意味ある状況に参加することによって得られる結果なのである」

イリイチの脱学校化論は、つまりはわれわれが、自分自身の力で成長する権利と責任をとりもどすことへの熱い呼びかけである。そこに、われわれの時代になげかけられた『学問芸術論』（ルソー）をみるのは、過当な思い入れというものだろうか。

❸ ポール・グッドマン『不就学のすすめ』ジョン・ホルト『教育に代わるもの』

脱学校化論のもっともよく知られた論者はイリイチとライマーであるが、広い意味でその流れに属する理論家＝実践者たちの論著は、このほかにも多い。それらの文献のなかの主要なものは、この数年のあいだにほとんど翻訳されたから、訳のできばえを問わなければ、いちおう日本語で読むことができる。かれこれ六、七冊にのぼるそれらの文献のなかで、もっとも重要と思われる二つの書物を、ここでは紹介しておくことにしたい。ポール・グッドマンの“Compulsory Miseducation”1962（片岡徳雄他訳『不就学のすすめ』福村書店）とジョン・ホルトの“Instead of Education”1976（田中良太訳『二一世紀の教育よ今日は』学陽書房）である。

グッドマンの本は原題を直訳すれば、「強制誤・教育」。もっと端的に意訳すれば「教育を強いられてアホになる」ということになるだろうか。一九六二年（改訂版は六四年）の刊行であるから、この種の書物としては先駆的である。

グッドマンの学校論の論旨そのものは、ライマーやイリイチのそれとあまり変わらない。彼の本の特徴は、いい意味でジャーナリスティックな、その語りくちにあるだろう。アメリカの教育と若者たちの現実にあくまでも密着し、一つひとつの事象にたんねんに分けいりながら、その問題を徹底的に考えぬくという仕方で、この本は書かれている。ことがらがおこりつつあるその現場で、そこにいる人びととともに考える著者のスタイルが、イリイチのともすると思考のオートマティスムにながれやすい急進性とは異なる、豁達《かったつ》な手ごたえをこの本にあたえている。

学校や若者たちの現実によりそって考えればかんがえるほど、彼らを学校にとどめるという方向での教育の改革は、グッドマンには無意味なものに思えてくるのである。激増する学校中退者たちをふたたび教室によびもどし、適応させるための教師たちの全国会議で、グッドマンは問いかける。そもそも若者たちが学校をつづけなければいけない理由が、ほんとうにあるのだろうか。はたして、学校に行くことが、大多数の若者のその時期、最高のすごしかたなのだろうか。ドロップアウトという概念を、われわれが捨て去ることこそが、むしろよりりこうなやり方ではないのだろうか、と。

義務教育年限の延長は、グッドマンによれば、学校とよばれる強制収容所に若い失業者たちを押しこめて、しゃばに出てこられないようにする企て以外のなにものでもない。ここでいう失業とは、たんに職がない、ということではない。アイデンティティの探索と、人間として役立ちたいという熱望にこたえうる真の仕事から、青年たちは決定的に疎外されている。われわれの時代を支配する哲学は、人間には関心を示さない社会機械の哲学だ。「それは人間ぎらいで、ただ自己の肥大化にしか関心を示さない。

とくに若い人々には関心を示さない」と、グッドマンはいう。「この社会機械は青年がアイデンティティや天職を見いだすことを求めもしないし望みもしない。ただ適応性にだけ関心をもつ」のだ。形而上学は拒絶される。宗教上のなやみは精神病の問題として取りあつかわれる。若者が就くことのできる職業は人間性の育成には役立たない。「人間性なんて、商売の理由にもならぬし、原爆を貯蔵する理由にもならぬではないか」。この無意味化した生のさなかで、若者たちは「不条理に育つ」のだ。

一九〇〇年にはアメリカの十七歳の年齢人口の六パーセントを収容していた中等教育は、六三年には六五パーセントを収容し、また大学生も〇・五パーセントから三五パーセントに増加した。進学率はなおも増加している。若者は学校でなにを学ぶのか。学校のもっとも基本的なしごととみなされている読み書き能力の習得においてすら、それに失敗する子どもがきわめて多いことに言及して、ある精神医学者はグッドマンにいう。問題は、いかに読み書きを教えるかではなく、なぜ、彼らがそれに失敗するかを知ることだ、と。あれだけ文字にさらされて生きていたら、普通の動物ならコードを自然に理解するはずである。なぜ、子どもたちにそれができないのか。まさに彼らが学校にいっているということが、彼らの学習を妨げているのである。意味のある経験からへだてられてしまった子どもたちに、書くことを求めるどんな動機があるだろうか。読むことを動機づけるどんな出会いがあるというのだろうか。十年ないし十三年のあいだ、一日の大部分を教室にすわらされて、「行為する」ことを禁じられた生徒たちに、どんな学習が成立するというのだろうか。

当時、アメリカに流行したプログラム学習を批判したグッドマンのつぎの一節は、彼の学校総体にたいする批判の要約として読む』こともできる。

「ビーグルを訓練して、うしろ足で立ってあるいたり、鼻っ先にボールをのせることをおしえることはできる。しかし犬は野原でうさぎを追いかけるときに、はるかにすぐれた知力や気力や機敏さを示すであろう」

もし学校教育を改革したり、いわんやそれを延長するだけの社会的資力があるのならば、とグッドマンはいう。それをより直接的なかたちで若者たちの一人ひとりに手わたすほうがいい。いま彼らに必要なのは学校ではない。彼らがなすに価する仕事と共同体をみずからの力でつくりだすことだ。われわれは彼らを「教育」することに直接的な注意をはらいすぎているのではないだろうか。

さて、いま一人のアメリカの教育運動家ジョン・ホルトによってかかれた"Instead of Education"は、まさにそのものずばり『教育に代わるもの』を論じた書物である。「この本は教育に反対して書かれた本だ」と、その冒頭でホルトはいう。教育に反対して、なにを支持するのか。私は教育についてではなく、学習についてでもなく、なすことについて語りたい、とホルトはいうのだ。

学習ということばのなかには、学ぶことと行為することを二つの異なる活動として区別する発想がひそんでいる。「私は楽器好きで、何年かまえからチェロをはじめた。たいていのひとは、そうかい、君はチェロをならっているのかい、という。それ以外の言い方がないからだ。しかしこの言い方は、奇妙な観念をわれわれの心にうえつけるものだ。それでは、まるでちがった二つの過程がある、ということになってしまうではないか。(1)チェロをならう、そして、(2)チェロを弾く、というわけだ。まずならって、ならい了える。そこで第一段がおわって第二段がはじまる、ということになる」。そうなれば、学習は、ほんものの行為に行きつく以前の、その途中でおこなうなにかニセものの行為ということになってしまうだろう。

じっさいには、二つの過程があるわけではない。われわれはなすことによって、なにかを学ぶのである。

「私がかつてみた最良の学習共同体は……そもそも学習共同体ではなかった」と、彼はいう。もっともよく人が学ぶことのできる場では、学習などということばは、そもそも念頭にさえものぼらないだろう。ホルトが最良の学習共同体として回想しているのは、第二次大戦中にのりこんだアメリカ海軍の潜水艦である。それは学ぶための共同体ではなくて、戦うための共同体であった。そんな目的のもとではじめて健康な学習共同体を経験したことは悲劇的だ。しかしだからといって、そこに学習の理想が示されていることを否定することはできない。

人間が真になにかを学ぶのは、彼の心をとらえずにはいない、ある全体性をもった行為のさなかにおいてである。たんなる手段や準備ではなく、意味と目的をその行為自体のなかにもつ営みにおいてである。そこにおいてこそ、彼は、たがいに経験を交流し、共有することのできる真の仲間、もしそうよぶとすれば真の〈師〉を、見いだすことができるだろう。あらかじめ、そうと決められたカリキュラムを生徒にとりつぐ固有の意味の教師ではなくて、語ることのできるみずからの経験をもち、また、それを他者と共有することをねがう共働者こそが、行為する者にとっての真の教師となりうるのだ。

学校はそのための媒体にはなりえない。真の学習の場は、むしろ学校の外にある。じっさい、行為しつつ学ぶ者が利用することのできる資源は、その気になって見れば、われわれの周辺に無数に存在する。もし学校に依存することをやめるならば、われわれが経験をわかちあうためのネットワークは、いま以上に、はるかにゆたかなものになるだろう。

グッドマンとおなじようにジョン・ホルトが、学校の改革ではなく、脱学校に解放の突破口を見いだしていることは明らかだ。ホルトの最近の著書はホームスクーリングのガイドブックにあてられている(Teach your own 大沼安史訳『なんで学校へやるの』一光社)。子どもたちが学校生活になんとか対処していくにせよ、そこから逃避するにせよ、彼らが学校の圧力や腐触作用をうまくきりぬけて生きていくためには、学校の外に、もっといきいきと活動し、自分の興味を追求していくことのできるオールタナティブな場が形成されていなければならない、とホルトは考える。その一つの方法がホームスクーリングなのである。それは家庭のなかに「学校」をもちこむ試みではない。学校とは異質な「学びの巣」を、親たちがみずからの手でつくりだしていく試みだ。学校にいきたくない子どもにとっては、それは「他の子どもが学校ですごしている時間を、自分にとってもっと楽しく興味ぶかいやり方ですごす」(Instead of Education)拠点になるだろうし、そうしたい子どもは、ここから逆に、学校なり外の世界なりに討ってでることもできるだろう。……

大沼安史氏の解説によれば、アメリカには、こうしたホームスカーラーの活動にその施設の一部を提供している学校も、少数ではあるが存在するという。少数とはいえ、そういう決断をおこなう学校や学校区が存在するということは、アメリカの私教育思想の意外な根づよさを示すものといってよいだろう。この伝統に棹をさして、ホルトは脱学校論を展開する。これはホルトの脱学校論の特質なのだろうか、それとも脱学校論というものの必然的な帰結なのだろうか。

お気づきのように、脱学校、脱学校化という二つのことばを私はやや不統一にもちいながら、de-schooling を主張する四人の著者たちについて語ってきた。学校教育からの離脱という意味で語られる deschooling を「脱学校」、学校化された社会からの自己解放という意味で語られる deschooling を「脱学校化」と訳したつもりであるが、両者の相違をことさらに強調するつもりもない。学校空間の内部からそれを非学校化していく可能性については、四人の著者はいずれもきわめて否定的であり、したがって、オールタナティブは、学校もしくは学校的空間からの離脱というかたちで追求されることになる。そういう意味では deschooling は基本的には「脱」学校論なのである。

もっとも、オールタナティブについてのこの四人の著者たちの言及は、その学校批判とは対照的にいずれも説得力がよわく、彼らの著書のもっとも手うすな部分となっていることは否定できない。ライマーやイリイチは情報・技能交換のネットワークや教育クーポン券制度といったようなものを提案しているが、思いつきの域を出るものではあるまい。運動的な経験にうらづけられた提案としては前記のホルトのホームスクーリングがあるのみであるが、これもオールタナティブというよりは、とりあえず学校の難をさけるための「かけこみ寺」と考えたほうがよいだろう。いま、なによりも必要なのは、そうしたアジール(避難所)なのかもしれないが。

フランスの教育学者のジョルジュ・スニデールは『学校・階級・階級闘争』(Ecole, classe et lutte des classes 1976)で、脱学校論を批判して、学校はたんなる支配の装置ではなく、それ自体がまた階級闘争の領野でもあると語っているが、その階級闘争なるものが抑圧的な学校教育を肥大化し、「大衆化」してきたという現実をふまえて脱学校論が提起されていることを忘れてはならないだろう。スニデールの批判は、まさにイリイチが批判の対象としている論理を反復しているにすぎないが、しかし、支配の場に、その支配を無効化する反転の諸契機を見いだすことのできない批判の言語が、絶望の語り口に堕していくこともまた明らかである。

本稿の直接の主題ではないが、ブラジルの教育運動家パウロ・フレイレによって提起されている解放教育の思想は、その点でわれわれにきわめて重要な示唆をあたえている。

フレイレもまた、みずからの識字教育の場を「学校」とよぶことを拒絶して、非学校的な相互教育のスタイルをつくりだそうとした実践家のひとりである。教師が所定の知識を生徒のアタマに移しいれる「銀行型」の教育を否定して、フレイレは「課題提起型」の教育実践を追求した。学習者の文脈からはなれた疎遠な知識ではなく、人びとが自分たち自身の現実を対象化することをとおして、そこから自力で認識を形づくる可能性を追求したのである。教師から生徒への一方的な知識の伝授や贈与が否定され、おなじ一つの対象とむかいあう共同探究者の相互的な対話と認識形成の営みが、それに対置された。要するにフレイレは、「解放の行為としての教育」がそなえるべき諸条件を明示することによって、成人教育の分野で、さらには学校をふくむあらゆる教育の場で、オールタナティブな実践のヴィジョンをひらくための理論的な手がかりを提供したのである。

『被抑圧者の教育』(Pedagogia de Oprimido)、『伝達か対話か』(Extensión o Comunicación?)、『自由のための文化行動』(Accion Cultural para la Liberdad)〔邦訳はすべて亜紀書房〕といったかれの著作は、学校内実践にとっても、また示唆的である。非学校化は学校の内部においても追求されねばならぬ普遍的な課題として提起されているのである。

脱学校論を日本の現実に引きつけて考察した著作としては、佐々木賢『学校はもうダメなのか』(三一書房)がある。

2 学校と学校文化を考える

❶ 学校文化を批判する三つの視点

じつはですね、私、何をお話ししていいかがまだわからないんです。ほんとうはいろいろ質問などをしていただきながら、ここにいらっしゃるかたの関心にそくして、お話をすすめたほうがいいのではないかと思うんですね。ですから、できるだけ私の話は短くしたいと思っています。

話の大きなかたまりとしては二つあると思うんです。一つは、現代の学校ないし学校文化に対する批判ですね。それから、第二に、それに対してどう介入していくのか、あるいは何を対置していくのかという問題があると思います。切り離すことができる問題じゃありませんけども、どちらかというと、私は、第二の点にいまはよりつよい関心をもっています。

そうはいうものの、前提としてやはり現在の学校文化、学校をどうとらえるかということについて、すこし議論する必要があります。短い時間の枠のなかでは、そちらに話を限定することになると思いますが、それをたたき台にして、討論のなかで第二の点についての皆さまのお考えをおきかせいただければと思っています。

ぼくは、あまり理論的にものを考える人間ではないので、まず、いまの学校のありようをひじょうに如実に示しているいくつかの特徴をひろいあげてみることにしました。重要な特徴が、すくなくとも三つあると思うんです。

一つは、「正解信仰」です。

それから、いま一つは、遠山啓さんがずっと一貫して指摘されてきた「競争原理」です。それに付随するかたちで時間の手段化ということにも注目しておきましょう。

第三に、子どもの「生徒化」です。これはむしろ人間の生徒化といったほうがいい。生徒という役割を人間が受け入れ、それに順化していくということです。先生と生徒という一方的な関係のなかに学習という行為がくみ入れられていくということです。

それぞれの特徴はお互いにひじょうに密接に関連しあっています。ですから、べつべつに申しあげることは本当はできないわけですけれど、話の整理上、あえてわけることにします。

❷ 学校の権威主義はまず正解信仰となって現れる

第一の正解信仰ですね。これは分析とかなんとかいうことでなく、ひじょうに強い実感なんです。大学で学生たちと出会っているなかで、毎日、痛感することです。

教室ではひじょうに討論がなりたちにくいんです。問題にはつねに正解がある、それを言いあてるのが学習である、という感覚がしっかりと根づいているんです。ですから、間違うことを恐れて発言しないという雰囲気がひじょうにつよい。これには第三の生徒化という、つまり教師と生徒の関係ということがひとつからんでいます。「教師のヤツめ、正解を知っているくせに」という警戒心が学生の側にはあるわけです。「質問をしてハジをかかせる厭な奴」という不信感がある。そういう関係ですから、学生のなかにある正解信仰だけをとりあげて、それを問題にするのはやや片手落ちなわけなんですけどね。

大学生じゃなくても、そうですね。例は無数にあるわけで、ちいさい子どもに「お天道さまは東から昇って西に向かって動いているんだよ」といえば、かならず「バカだな、おじさん」とくるわけです。子どもたちにとっては、地動説が正しい知識です。じゃ、それをどこから学んだのかというと、これは本で読んだり先生がいったり、とにかくいずれにしても与えられた知識です。実際に自分の経験から考えていけば、地動説になるはずがないですよね。お日さまは東から登って西に沈むんです。中世のヨーロッパでは天動説がドグマだったそうですね。しかし、いまの子どもたちにとっての地動説ほどではなかったと思うんですよ。ものすごい権威主義です。子どもたちの地動説は……。

もうひとつ例をいいます。

$$6 \div \frac{1}{2} =$$

これは3ですよね、実感的にいえば。6を$\frac{1}{2}$にするんですから。でも、こう書くとバツにされますね。

正答は12です。なぜ、12なのか釈然としませんね。先生が教えてくれるのは、「分数の割り算は、ひっくり返してかければいい」、それだけです。その操作を覚えていわれたとおりにやれば、正しい答えになるわけです。

しかし、いくらこのやり方を覚えても、生徒の実感や経験のほうは闇に封じ込められるだけですね。けっして克服されるわけではない。自分の実感にそくして考えることはいけないこと、恥ずかしいことで、先生に言われたようにやることがいいことなんだということを、生徒はですね、そうしたことをとおして学んでいくわけですよ。でも、封じ込められたものはといえば、そのまま残ってしまうんです。

知識というのは、こうした日常的な経験、あるいは自分たちの素朴な概念、感じ方を大切にしながら、なおかつ、それをそのまま温存していくのではなしにですね、それを批判的に、自覚的にとらえかえしていく媒介となることによって、はじめて生きたものになるわけです。そういう媒介的な機能を、現在の知識は果たしていない。ですから、$6 \div \frac{1}{2} = 3$ という直観のほうはしぶとく生き残ってしまう、ということになるわけです。

もっとはっきりしているのは、やっぱり語学でしょうね。学校でいくら語学を勉強したって、いっこうに役に立たない。大学なんか出ると、ほんとうにダメですね、ぜんぜん上達しない。なぜかというと、試験の点数というのはぜんぶ減点法でしょ、まちがえると、どんどん点数を減らされていくわけです。ですから、ものを言うのが恐くてしようがない。一行の文章を書くにも、まちがいはないかと疑心暗鬼。ですから、自己表現なんてできやしない。

学校教育なんかあまり受けないで、実際にアメリカなりイギリスなりで生活すると、英語の上達は早いみたいですね。まちがえてもかまわないから、とにかくコミュニケートする。めちゃくちゃな英語でコミュニケートする人のほうが外国語はうまくなります。つまり、減点法では絶対にだめなんです。正しく言おうとすると、それで金縛りになる、というようなことがあるだろうと思う。そういう意味で、正解信仰というのは日常的な生活現実を批判する力にもなりえませんし、自分たちの表現を自由なものにしていくこともできない。そのかわりに正解信仰が果たす役割はなにかというと、それは権威主義を植えつけることだと思う。ほんとうに権威主義ですよ、あれは。

つまり、自分が経験から獲得した知識には価値がなくて、先生が教えてくれた知識にのみ価値があるという信仰が育てられていくわけです。先生が教えてくれた知識になぜ価値があるかというと、教科書に書かれているからです。教科書に書かれた知識はなぜ権威があるかというと、国家のお墨付きをもらっているからです。

こういうような正解信仰、これがいまの学校教育の教授過程の隅ずみを支配している。ですから、私は、現在の公教育に対してそれを批判し、それに対抗していくときの重要なポイントは正解信仰をどうやって斬っていくのかということだ、と思います。これが、まず第一です。

❸ 差をきそいつつ画一化する

それから、第二点目は、競争原理と序列主義です。これは遠山啓さんが一九七〇年代に一貫して主張されていたことです。じつをいいますと、その当時、ぼくは遠山さんの問題提起の重大さに気がつかなかったんですね。ピンとこなかった。あまりにあたりまえのことのように思えて、そのことの本質的な重大さに思いいたらなかったのです。しかしここ数年、ほんとうに遠山さんの指摘の重大さを身にしみて感じています。

今度のシンポジウムの登壇者に岡村(達雄)さんがいらっしゃるようですけれど、岡村さんたちが長崎県でもう七年まえですけれど、取りくんでおられた通知表の改ざん事件があります。1の生徒が一人もいないのはおかしいといって、校長が担任のつけた通知表を勝手に書きかえてしまった事件ですね。長崎の市教組やお母さんたちが抗議の運動を展開しています。

ここで申しあげる必要もないんですけれど、相対評価というのは、正規分布にもとづいて子どもの成績をふりわける評価の方式です。1—七パーセント、2—二四パーセント、3—三八パーセント、4—二四パーセント、5—七パーセント、だいたいこういう分布に合わせて子どもたちの成績をふり分けるわけです。

しかし、教育評価の基礎づけとして正規分布のパターンをつかうことには、じつはなんの根拠もないのです。このパターンはあくまでも確率分布の一つですから。たとえば、パチンコの玉が釘に当たってどこへ落ちるかというような偶然の現象であればこの分布もなりたつのです。しかし、学習という行為はもともと作為的な行為です。子どもは、できるだけ一方の側に行こうとする、つまり、いい成績をとろうとするわけです。教師もそれなりに努力する。ですから、正規分布になるはずがないんですね。正常分布になったら、むしろ異常なんです。

たしかに人間の背の高さなんかですと、これは偶然の現象ですから、たくさんの数をとれば、正規分布に近い分布ができあがる。また、かりに知能なるものが——かりにですよ、生まれつきのものであるとすれば、これは正規分布になることもありうるでしょう。この「生まれつき」ということが、どうも、暗黙の前提になっているのかもしれませんね、1の生徒がかならず一定数いるはずであるという考え方の根底には——。彼らにとっては学力＝先天的知能なんです。

とにかくそういう偶然の現象であれば、正規分布になるわけですけれど、勉強はひじょうに作為的な現象ですから、さっきのような分布になったら、むしろ困るのです。また、この分布のパターンが成立するためには数がひじょうに多いことが必要です。百くらいではだめなんです、四十人のクラスで正規分布になるはずがないんです。

というわけで、あらゆる意味で、正規分布にもとづく五段階の相対評価というものには根拠がない。統計学的にみても、心理学的にみても、まったくどうしようもないしろものです。

にもかかわらず、教育委員会や文部官僚たちは、なぜ、相対評価をゴリ押しするのか。なぜ、こんなものに、それほど執着するのか。実際の話、科学的な根拠なんぞはどうでもよいのかもしれません。相対評価というものは、結局のところ、生徒の学力とか成績とかを示すものではないのですね。学力とか成績とかの到達度タームをいまはあえて不用意につかうことにしますが、相対評価されるのは、そうした個人の能力そのものではないのです。

たとえば、もうれつな試験勉強をやるとしますね。その結果、すべての生徒が八〇点、九〇点、一〇〇点をとるというのはありうるわけですね。その場合でも、相対評価だと1や2の生徒がでてくるわけですよ。ですから、この評価が示しているのは、成績や達成そのものではなくて、要するに各人の相対的な序列なんですね。昔は成績順に一番からビリまで廊下に貼りだされたわけですけれど、それとおなじで序列を示すものです。あいつはオレよりできるとか、あいつはオレよりできないとかね、そういう序列の指標です。上位何パーセントとか、そういうことが選別の場合にはひじょうに重要になるわけです。学力、学力といいますが、そんなことは権力にとってはじつはどうでもよい。

この序列にたいして、いまの若者は極度に敏感になっています。最近、記号論がらみでしきりにいわれているところの示差性なるものも、ぼくはどうも、この序列感覚と密接に結びついているような気がしてなりません。「水平的な差異に対する識別力」といえば聞こえはいいけれど、じつは垂直的な落差に対する敏感さではないのでしょうか。「差をつける」ことが流行っているでしょう、ちかごろはなにかと。

小野二郎さんという、近年亡くなられたかたですけれど、晩年書かれたもののなかで、あるテレビディレクターの話を引用されています。そのディレクターがいうには、最近の役者に幸福そうな顔をしてくれとたのむと、決まって人を見下したような顔をするというんです。趣味の多様化とかいろいろいわれるわけですが、これを要するに他人を見下す顔をすることが好きだということにおちついてしまう。相手を出しぬいて、相手を見下す。――ですから、多様化というけれど、じつはそれは画一化なんですね。一生懸命「差」を誇示するけれど、根本的にはステイタス・シンボルという一本の尺度で差を競うのですから。文化的にはますます画一化していくわけです。

だいたい競争というものは、コースがあるから競争なんですね。一人ひとりがそれぞれべつの方向に走っていったら、競争にならない。おなじ方向にむかってみんなが走る。だから、競争になる。

そのさい重要になるのが平等です。機会均等の原則です。教育基本法の第三条でうたわれていますね。経済的地位または門地によって教育上差別されないと。おなじスタートラインに立って、おなじコースをおなじ競争者として平等に走るわけです。その結果として不平等になる。これがつまり能力主義です。

そうやっておなじコースを走り、互いに差を競いながら、われわれはその差によって自己確認をしているわけです。ということはつまり、自分自身の存在を自分自身で規定することができないということですね。自分の天地、自分の価値を自分自身でつくりだすことができない。制度が与えてくれる価値に果てしなく自分を同化していくわけです。

それやこれやをふくめて、競争原理と序列主義というのは、これは現在の社会、資本主義社会の生活スタイルの基本になっていると思います。そういう画一的な生活のスタイル、序列主義的な信仰を形づくるものとして学校はあるだろう。そしてもっといえば、それは資本主義の原理そのものでもあるわけです。関曠野さんのことばをかりていえば、"exploitation game"ですね。他人をダシにするゲームの場としての資本主義の競争原理と序列主義は、そのゲームの規則でもあるわけなんです。

それでは、そうした競争原理や序列主義が学習形態のうえで、どういうかたちで表れてくるかといいますと、それがさきほど申しました正解信仰というものになっていく。学習は制度化された真理を復唱するオームの競争、他人をだしぬくための「正しい答え」の言い当てゲームになっていくんです。

もう一つ、さきほど時間のことをいいましたけれど、こういう競争をしている場合は、時間というのはつねに手段化される。現在の時間は未来の時間のための準備にすぎないのです。中学校の生活は、高校に入学するための準備です。高校生活は、大学にはいる準備です。目標がつねにもう一つさきのところにおかれていて、その行為の時間そのものを生きる、ということができなくなっていくんですね。大学にはいったら就職。就職してもおなじです。出世というはかない幻想にむかって走りつづける。

さらにいえば、目標を与えるだけではなくて、おどしをかけて走らせるというのが、むしろいまでは一般的です。ぼやぼやしていると落ちこぼれるぞ、窓ぎわ族になりたくなければ、いまは辛抱しろということで、現在の時間をたえず手段化し、没意味化していくわけです。

勉強もそうです。英語を習ったら、たとえ生兵法でも、それをできるだけ使えばいい。横文字の本もどんどん読んだらいい。しかし、そうはしません。勉強はつねに奥義に到達するための準備なのです。

奥義はカフカの城のようなもので、いつもずっと先のほうにかすんでいる。現在の時間は、つねに灰色で抽象的です。時間は交換価値として抽象化されるのです。

そういう意味でも学校というのは、すぐれて資本主義的な一つのシステムです。

❹ 与えられつづけて貧しくなる

第三点として、生徒化ということがあります。これはあまり解説する必要はないでしょう。学校には教師と生徒がいる。教師は教えるだけの存在ですね、生徒は教えられるだけの存在。これは考えてみると、ひじょうにグロテスクな人間関係だと思います。コミュニケーションというのはそういうものではなくて、相互的なものですから。

P・フレイレがこれを銀行型教育と課題提起型教育という二つのモデルで論じています。フレイレによれば、現在の学校は銀行型なんですね。生徒の頭はからっぽの貯金箱。先生がカバンのなかにいろんな知識をつめていて、生徒の頭にそれを移し入れる。それが学習です。

ここでは、知識はつねに伝達され与えられるものであって、発見したり創造したりするものではありません。しかも、その伝達の過程で、知はしだいに貧しいものになっていきます。教科書の知識が教師に、教師の知識が生徒のアタマに移し入れられる過程で、それは必然的に薄められ、活力を失っていくのです。それに対して、フレイレが提起しているのが課題提起型の教育です。大胆に短絡していえば、それは人びとがみずからの経験のなかからなにかを発見する共同の行為である、といってよいでしょう。とくに重要なことは、人びとがそのコミュニケーションのなかでみずからの力で、あらたに知を形づくるということです。

ぼくがここで話をする。すでにできあがった知識をただ一方的に伝えるだけならば、それは創造ではないと思うんですね。そうではなくて、この場のなかである一つの知なり思想なりが対話的に形成されていくということが創造です。そういう意味でコミュニケーションというのは、それ自体一つの創造の現場でなければならないと思うんですね。

ところが、教師・生徒関係のなかではそれが創造の現場にひじょうになりにくい。生徒はまさに生徒という受身な存在、つねに知識を与えられる存在になってしまうのです。相互的なコミュニケーションのなかで、共同で一つの知なり認識なりを創りだしていく、教室がそのための一つの仕事場、一つの創造の場になっていくことが、ぼくはとても大切なことだと思うのです。そういう意味での創造的な契機というのを、教師・生徒関係は破壊していくわけです。それをどうやって打ち破っていくかということが、いま、われわれの側の問題ではないかと思うんです。

これは学校だけの問題ではありません。われわれはあらゆる種類の情報・知識商品を豊かに供給され、与えられています。

文化の貧困というのは何なのか。文化の貧困とは豊かな文化を不断に与えられ続けることではないかと思うんです。豊かな文化を与えられ続けることによって、自分自身の文化を生みだす力が失われる、それこそが文化の貧困ではないか。第三世界の諸地域には、帝国主義のメトロポリスからさまざまな文化が送り込まれます。「レベルの高い」文化です。このレベルということばは第三世界ではひんぱんに使われることばです。フランスの文化はレベルが高い、自分たちの文化はレベルが低い、というように。そのレベルの低い文化をどのように引き上げていくか。メトロポリスから送られてくる文化を受け入れることによって、それに同化することによって、レベルを引き上げるのですね。

じつは、そうすることによって、自分たちの文化の底力がますます損なわれていくのです。レベルが現象的にあがればあがるほど、ほんとうは自分たちの文化は貧しくなっていく。それとおなじことが、もっとはっきりしたかたちで日本のなかにあるみたいですね。

要するに、与えられることはやめようじゃないか、ということです。それこそが教育運動としていま求められていることではないのか。生徒化されるのはもういやだ、ということですね。

やっぱりひじょうに古典的なのですけれど、学校に対して仕事場というかアトリエ、共同の作業所というイメージが対置されますね。そういう作業場をどうやってつくるか、ということだと思います。もしかしたら、いまの学校の教室だって作業場になりうるのではないか、とにかく人間が集まっているわけですからね。

もっとも、ぼく自身は、とりあえずはそうした共同作業場の経験を学校の外でつくり深めながら、そのことをとおして学校の内側でおなじ試みをしようとしている人たちと連帯していくことを考えたいと思っています。

Ⅱ

いま、なぜフレネか

1 フレネ教育から学ぶもの

❶ 教育現場から生みだされた教育学

ここでお話するための準備としてエリーズ・フレネの二つの本、『民衆教育の誕生』(上巻一九六三年・下巻一九六五年)と『セレスタン・フレネの歩み』(一九七七年)を読みなおしたのですが、(1) はじめてフレネ教育にふれたときの熱い思いがまた甦《よみがえ》ってきて、この度もまた、ずいぶん元気づけられました。

ぼくがもっとも熱心にフレネ教育関係の文献を読みあさったのは一九七〇年代から八〇年代の始めにかけてでしたが、じつをいいますと、その後、興味の重心が第三世界の文化や教育のほうに移ってしまったために、いまではフレネに親しむ機会は比較的すくなくなっています。名前がよく似ているのでフレネとよく間違えられるパウロ・フレイレという識字運動家がブラジルにいます。狭義の教育だけではなく、ラテンアメリカの民衆演劇運動やマイクロメディアの運動にたいへん大きな影響を与えています。このフレイレたちの運動をフォローすることが、以後、ぼくの主要な仕事になっていったわけです。しかし今回、フレイレを念頭におきながら、あらためてフレネを読みかえしてみますと、地域を異にするこの二つの思想と運動は、なんともみごとに呼応しあっているのです。そこで、きょうは中心をフレネとフレイレという点において話をすすめていくつもりですが、そのまえにまず、ぼく自身がフレネ教育のどんなところに共感し、そこから何を汲みとりたいと考えているかを、エリーズのテキストを手がかりにして、ちょっと整理しておきたいと思います。

名和道子さんの訳された『民衆教育の誕生』(邦訳名『フレネ教育の誕生』現代書籍一九八五年)の巻頭に、セレスタン・フレネの「フレネ教育の運命」という文章が収録されています。(ぼくの手もとにある六三年版の原書にはこれはありません。六九年版で追加されたのでしょう。)

その冒頭にちょっと気になることが書かれています。

「フレネ式の教育は教育理論としては、規格外の特別製だった」と述べたあとで、フレネは、そのことを説明してさらにこう書いているのです。

それは教育史の中ではじめて、教育学者などの理論家でなく実際に教育にたずさわる者、つまり教員たち自身が教育という仕事についての考察を深め、各自のさまざまな経験に触発されながら教育理論(方法論)や教育技術を改良する勇気をもったということです。

教育とその技術が現場の教師たちの創意によって改良されていくのは当然なことです。しかし、「教育史」のなかではそのことが特別の事件になってしまうのです。この「教育史」のけったいさが、セレスタン・フレネのことばの向こうから透けて見えてくるのではないでしょうか。

フランスでもそうだったのか、と思いながら、ぼくはこの文章を読みました。教育の内容と方法がすべてトップダウンのやり方で現場に「下ろされて」くるのは第三世界、とりわけアジアの教育の特質ではないだろうかなどと、漠然と考えていたからです。残念ながら、アジアの学校はどこの国でもひじょうに権威主義的です。先生の権威は絶対的です。村人のまえでは役人風を吹かせ、子どもたちのまえでは絶対君主として威張りちらすのが学校の先生です。しかし、その権威はじつは教師が国家支配の末端装置であることによって保障される権威にすぎませんから、エライ先生とは、つまりはまったく自立性をもたない卑小な教師ということと同義なのです。教師はより大きな権威に対して完全に隷従しています。この教師の没主体状況が支配的である以上、自分で創意工夫をこらして教育を創造するなどという気風はうまれるべくもないでしょう。

とはいえ、国家レベルでの教育「改革」の試みがないわけではないのです。

大学や教育研究所が「進んだ」教育理論を輸入します。国家がそれを政策のなかにとりいれて、「創造性をめざす」新しいカリキュラムをつくります。第三世界の少なからぬ国々でそうした教育改革が現にすすめられています。権威主義を否定するのではなく、権威主義的な構造に依拠して「改革」をすすめようとしているわけです。創造性なき教師が創造的な教育をおこなう、という奇跡が期待されているのでしょうか。
第三共和制下のフランスの学校教師の状況も、じつはきわめて「アジア」的でした。教授細目、時間配分、授業方法などがこと細かく国家によって指定され、その実施状況は校長や視学官によってたえず点検・監視されていたのです。教育の成功度、教師の能力と努力の度合いが判定される最終的な決め手は試験の成績でした。教育は具体的な子どものありようから出発するのではなく、国家が与えたプログラムを子どもたちにどう注入するか、どうやって試験の成績を上げるかが教師のかかわるべき主要な任務とされていたのでした。今世紀になって、子どもの興味ということも一部でいわれはじめるのですが、それもまた、権威ある心理学者や教育学者によって、「理論的に」定式化された抽象的な「子ども」の興味であって、日々、現実の子どもと接している教師のなかから内発的に提起されたものではありませんでした。教師は官僚制の歯車であり、かれ自身の創意にもとづいて教育のありかたを変えようとすることは、公教育システムのなかではきわめて異端的・逸脱的な行為であったわけです。

そういう状況をコンテキストにおいて、フレネ教育の意味を考えていくことが重要だと思います。フレネ教育はなによりもまず教育現場のなかから生まれたペダゴジー(2)(教育学)でした。

その点で、どうしてもぼくが連想してしまうのは日本の生活綴り方運動です。フレネ教育と生活綴り方とは、その他いろいろな面で対応していると思うのですが、きわめて中央集権的で官僚主義的な教育制度のもとで、その末端を担う現場の教師たちが、システムに対抗するもう一つの教育の創出主体として登場する、その転換点を示しているということがひじょうに重要だと思うのです。この転換、この教師たちの回心は、なにに導かれて生起したのでしょうか。フレネはなぜフレネに、綴り方教師たちはなぜ綴り方教師たらざるをえなかったのでしょうか。

❷ 子どもを中心に、教育の組み替えへ

手がかりとして、『フレネ教育の誕生』からもう一つの文章を引用してみます。

> フレネは病気で発声の悪くなった喉でやらなければならない説教が、子どもをおとなしくさせておくことに無力であると悟った。それで、この道徳の授業はやめて、そのかわり、朝、子どもたちが学校に来るのをより注意深く観察した。

評伝をとおして浮かび上がってくる青年教師フレネの姿は、熱血教師や〃やり手〃教師のイメージとはほど遠いものです。

日本では「子どもに舐《な》められる」教師は、まず、まっさきに教師仲間からダメ教師という烙印をおされることになります。だからこそ教師は五尺の身の丈を八尺にも九尺にも見せて、子どもに対してもっぱら威圧的に向かいあうわけです。フランスでもまったく同様であったようです。プロレタリアートの

子どもたちが集まる底辺校で、それがいっそう顕著になるのもおなじです。

セレスタン・フレネもまた、典型的なダメ教師でした。

フレネにおいて独特なのは、教師として有能になる、という方向でがんばるのではなくて、傷んだ喉と五尺の身の丈のままで子どもたちとつき合う方途を考えた、ということでしょう。問題は、上手な授業をすることでも、きびしい躾《しつけ》をすることでもありません。指導を強化し状況を支配するかわりに、一歩引き下がって、子どもたちを「注意深く観察した」ときに、伝統的な教育がけっして視野に入れようとはしなかった、それぞれの関心に促されて世界と対話する一人ひとりの子どもたちの姿が、きれぎれに、だが、鮮烈に浮上してくるのです。この子どもの活動を引きだし、組織していったのが、その後のフレネの教育実践だったのです。

個々の子どもとその集団の表情を把握するフレネの一種、本能的な嗅覚は羊飼いのそれにも喩えうるもので、夫人のエリーズは、それをセレスタンのかつての牧童生活の名残りであるともいっています。教育というものは、どうしても教える側を中心において発想されやすいのです。それに反対し、子どもを中心にして教育のありかたを全面的に組みかえていく、その方法を徹底的に追求したのがフレネ教育でした。まさにその点に、われわれは大いに共感するわけです。

子どもを中心にするというときの、その子どもは、プロバンスの貧しい村の貧農とプロレタリアートの子弟でした。村の学校の設備は貧弱で、教育条件は劣悪きわまるものでした。

サンポールの村長は、赴任したフレネに向かって言い捨てます。

「ご覧なさい。ここにいるのは大部分は素寒貧《すっかんぴん》野郎のガキども、小作人の小倅《こせがれ》でしかない。かれらには活字も印刷も要らんのです。読むこと、書くこと、数えること、それだってあいつらには大仕事だ。この村に来たあんたの前任者は、そいつもうっちゃらかしちまったけれどもね。あんたに何よりも必要なのは腕っぷしだよ。話をややこしくしないことだ。あいつらがまったくの腕白小僧であることをわきまえるのに時間を取りすぎてはいかんのだ。もう一度いっておくがね、かれらを封じ込めることが大切だよ」

村長にとっても、また、この村の学校の「前任者」にとっても、サンポールの村は、努力に値しない教育の不適地でした。この教育の不適地を、伝統的な教育をくつがえす、より豊穣な学びの土壌としてとらえかえしたのがフレネであったわけです。

日本の生活綴り方教育も、貧しい村の教師たちによって創造され、担われたものです。窮乏がとりわけ激しい国内植民地・東北地方こそは生活綴り方教育の拠点でした。

一九三五年の「教育北日本」の設立宣言は、「この暗澹として濁流にあえぐ北日本の地域」、文化的に置き去りをくったこの地域こそが、「我らのひとしき〈生活台〉であり」、「この生活台に正しく姿勢することに拠ってのみ、教育は真に教育として輝かしい指導性を発揮しうるのだ」とうたっています。地域からの出発、子どもの生活事実からの出発という生活綴り方教育の理念と、フレネ教育とはひじょうに深いところで通底しあっているのです。

❸ "本から学ぶ"ではなく、生活から学ぶ

その結節点を示すキイ・ワードがフレネのいう étude du milieu local ではないでしょうか。その土地の環境の研究。とりあえず郷土研究と訳しておきましょう。

この「郷土研究」にあたって私たちは、子どもたちの実生活の中から、すなわち、子どもの感性、かれらの経験と発見の源泉たるその実生活のなかから、かれらの人格形成の、知育の、教育の、もっとも本質的な諸要素、それのみが堅固で決定的な基礎的諸要素を汲み取ろうとするものである。

パリで執筆・編集され、フランス各地のつづうらうらの小学校教師に、生徒たちの注意を繫ぎとめつつ毎時おしえなければならぬ教育内容をこと細かに指示し、しかも教師が引きつけるべき興味の中心をすら教示しようと僭称する教科書につよく反発して、私たちは、われわれの教育は自分たちの生きている環境の中にまっとうに根ざしたものでなくてはならぬこと、その必要に応える実際的な勉強でなければならぬことを主張してきた。地図の上の青い線が川の記号であり、褐色のマッスが山であることを勉強する以前に、子どもたちは自分たちがくらす村の地理を知るべきなのだ。国史はゴール人やルイ十四世から始めるのではなく、私たちの周辺に残されている近い、

あるいは遠い過去の痕跡の楽しい研究から始めるべきなのだ。本に書かれた抽象的な知識にさかしらに齧り付く以前に、われわれの郷土のなかでどんな学習が可能であり、何が求められているかを直かに検証することが必要だ。

（C・フレネ「郷土」）

タイ語では、「勉強する」をrieng-nangsuuといいます。riengは「学ぶ」、nangsuuは「本」です。勉強する、ということは、つまり「本を学ぶ」もしくは「本から学ぶ」ということだ、という私たちの社会の通念を、じつに端的に表したことばだと思います。

ここ数年、ぼくは毎年タイの、主として東北地方（イサーン）の農村を旅行しますので、当然、学校を見学する機会も多いのですが、うん、やっぱりこの国でも、勉強というのは、rieng-nangsuuなんだな、と思うことがしばしばです。

タイの東北地方は、この国のなかでも所得水準のもっとも低い、経済発展から「とり残された」地方とされているのですが、伝統的な文化が人びとの暮らしのなかでしっかりと息づいている、その意味ではひじょうに豊かな農村なのです。

学ぶべき素材や問題に豊かにとりかこまれつつ、おおかたの学校が何をしているかといえば、首都バンコックの教育のあとを追って、現実の子どもの生活とはまったく無関係に、教科書をなぞる勉強にあけくれているのです。

もちろん、それは他人ごとではありません。日本の学校教育の現実と、それはなんと大きく重なりあっていることでしょう。

「本の勉強」一本槍の学校教育のあり方に疑問を抱いた教師たちによって、日本では一九三〇年代に生活綴り方運動が展開されていくのですが、その基本的な理念は「生活から学ぶ」ということであったと思います。

先に引いたセレスタン・フレネのテキストにも(これはエリーズが『セレスタン・フレネの歩み』のなかで引用しているものなのですが)、「生活から学ぶ」というかれらの主張がきわめて戦闘的に表明されています。

すこし長くなりますが、バー・シュル・ルーでのいわゆる「散歩教室」の情景をエリーズの『民衆教育の誕生』から抜き書きしておきましょう。これはケストナー風にいえば「飛ぶ教室」です。子どもたちはものごとの現場に飛びたち、ふだん見慣れた風景や事物をあたらしい目で見直し、再発見する歓びを知ることによって、かれらの感覚と知性を磨ぎすましていくのです。

フレネは大胆な無邪気さでもって、午後になると子どもたちを戸外につれ出すことにした。初めの驚きが過ぎて、校長は事態を甘んじて受け入れた。親たちも同様に、しかし内心では、それは時間の浪費であり、子どもたちに怠け癖をつけるのではないかと思いつつ、フレネのやり方を受け入れた。

幸いにも、そんなことは何一つおこらなかった。散歩は一日のうちで最も待ち望まれている瞬間だった。……中略……子どもたちは各自石盤と鉛筆を持ち、小さな一団は学校付近や、オリーブの木の下に続く細道や、墓地の静寂の中や、丘や村を見渡すことのできる花咲く頂上などへ出掛けるのだった。

フレネは子どもたちが注目するものすべてに注意を集中した。それは教育的な配慮からというよりも、人間的な好奇心にもとづくものであった。何はともあれ、この南仏の美しい太陽の下、自然の中に出掛けることで、すべての子どもたちが幸福感にひたり、安心して心の羽を伸ばし、理解することに向かって自分をひらきはじめているのを見てとることは容易であった。

――せんせ、お母さんが畑にいるよ、とリュリュがいう。

――どこ？　どこ？

――あそこ、ほらあそこ！

――リュリュ、と教師はいう。みんなに分かるように説明してごらん。

――ほら、あそこを見て。道が見えるでしょう？　橋のそばを見てる？　小さな道を登って、大きな樫の木見える？　そのちょっと向こう。

どのような表現法の授業が、自分の家を眺めながら語るこの親密な素晴らしい自然さに匹敵するだろうか。

――せんせ、高いところまで登ったね。ここは。

――お城より高いかな？

どっちが高いという議論から、話は距離の見積り、長さの単位や尺度へとつながっていって、ほら、生活と密着した素晴らしい算数の授業の糸口がこんなところにもころがっているのだ。

❹ 授業を超えて、子ども自身の活動へ

しかし、そもそも「授業」(leçon)というものにフレネは懐疑的なのです。

授業というものは四つの壁の間で維持されてきたすぐれて学校的な仕来りである。世界のどの国でも授業が重んじられている。新教育の学校も同様であって、そこでは教師と生徒が授業を成功させようと一緒にがんばっている。だが、授業の王冠を剝ぎとることが必要だ。授業はしばしば子どものイニシアティブと興味を犠牲にして、先生をエライ人に仕立てる働きをするものであり、その結果、子どもはその性質に反して受動的になってしまうのだ。

『セレスタン・フレネの歩み』のなかの一節です。日本のぼくらから見ると、これは相当に過激な発言

です。よかれあしかれ、授業という形式を重視しながら、そのなかで子どもたちがどれだけ自分たちの思考を掘り下げることができるかを追求してきたのが、日本の先進的な教師たちのおおかたの姿勢であったといってよいでしょう。

授業というものに対してフレネ派の教師たちは冷淡というか、がいして消極的です。だから逆に、授業という形式で集団的思考をダイナミックに展開していく日本の教師の教育実践が、かれらにとって意外に目あたらしく新鮮に映るという面もあるようです。RIDEF (Fed. Inter. Mouv. Ecole Moderne フレネ教育の国際組織)などの会などで気づかされることの一つです。

ぼくらのほうは反対に、エリーズが指摘しているように、授業という形式にあまりにもこだわりすぎているのかもしれません。そのために子ども一人ひとりの学びのリズムを軽視し、同時に、知らず知らずのうちにかれらを受け身にしてしまっているのかもしれません。

フレネ教育の多様な局面の内実を構成しているのは、子どもたち自身の活動です。それは「散歩教室」であり、インターヴュであり、自由作文であり、印刷であり、学校間交信であり、劇づくりであり、学校協同組合であり、学習カードにもとづく個人学習であって、それらの活動の総合としてフレネ教育はあるのです。

「手仕事や芸術・科学という面での能力は決して単なる思考の働きだけで培われるものではなく、創造と労働と経験によって培われるものだ」と、セレスタン・フレネは、『フランスの現代学校』(石川慶子・若狭蔵之助訳、明治図書一九七九年)のなかで述べています。

それらの子どもの諸活動のなかで、とりわけ重要な位置を占めているのは、なんといっても自由作文ですが、「書く」という作業は、その場合も「思考の働き」に終始することなく、装丁・印刷・製本という「手仕事」的な活動と密接に連動しています。そこがフレネの自由作文のひじょうに重要な点だと思います。

それにしても、日本の生活綴り方、フレネ教育、パウロ・フレイレの識字教育など、「生活から学ぶ」志向をつよく打ちだしている教育実践が、その活動の主軸をいずれも「書くこと」においているのは興味ぶかいことです。

そこで、ぼくらも「書くこと」に話の焦点をしぼり、当面、そこからフレネ教育の意味を考えていくことにしましょう。

【注】

(1) 『誕生』からの引用については原則として名和氏の訳文を使わせていただきましたが、かならずしもその通りにはなっていません。『歩み』は邦訳なし。引用は拙訳です。

エリーズ・フレネはセレスタンのおつれあいで、バー・シュル・ルー小学校における、その同僚でもありました。

(2) pédagogie は「教育学」と訳されることが多いようですが、実際には――とりわけフレネやフレイレにおいては――自覚的な理念や方法にもとづいておこなわれる教育実践そのものを意味することばとしてももちいられています。その多義性を考慮して、ここではそのままペダゴジーということばを使うことにしました。

2　コミュニケーションの再構築

❶ テキストをうみだすことで、自分の〝世界〟をつくる

自由作文(le texte libre)、それは、——フレネのことばをそのまま使っていえば——「その名の示す通り、子どもが書きたいときに、かれの思いついたテーマで自由に書く作文」です。

人間はテキストを産みだす生きものです。

テキストを、なんらかの記号によって織りあげるという行為を通じて、人間は自分の考えと、ものの見方をつくり、かれ自身の「世界」を構築するのです。

神がことばによって世界を創造するように、人間もまた、なんらかの種類の言語によって天地を創造する、といえましょう。だれもが、それぞれのテキストの制作者なのです。

すべての人間のなかにテキストを産出する力が内在しているとしたら、どうして子どもが、その例外でありうるでしょうか？

子どものなかのテキストを産みだす力を解放すること、それは子どもを、世界をつくる一個の主体としてとらえることと不可分でした。すべての子どもが「語る主体」なのです。まさにそこに、自由作文の raison d'être（存在理由）がありました。

自由作文にたどり着くセレスタン・フレネの思考の足どりをのぞき見るために、『現代学校のフレネ技術』（石川・若狭訳『フランスの現代学校』明治図書）から、自由作文に関連する二、三のフレーズを抜きだしておきましょう。

授業の根本的な欠陥は、何ひとつ知らないとみなされた生徒たちが、なんでも知っているか、あるいは知っているつもりの先生に管理されるというところにある。子どももまた、かれ独自の経験と多様で広い知識をもっていて、先生に教えてあげることがあるというような考えは誰にもなかったのである。ここに教育学のひとつの誤りがある。ある人はそれを個人的に備わった技量でとりつくろうことができるかも知れないが、いずれにしろその誤りが学校システムの全般を明瞭に特長づけるものであることに違いはない。

子どもの生活の中には、たしかに、かれをびっくりさせ、震えあがらせ、感動させ、あるいは魅了する出来事、かれが仲間やおとなたちに話して聞かせたいという燃えるような欲求にかられる思いがけない出来事がおこるものだ。たとえば、子犬の誕生、数人で釣りに出かけたこと、素敵な遠足、家族とやった遊びなど。

難問が頭をもたげると、私たちの好奇心と私たちの行動が執ような追跡を開始する。作文（テキスト）のテーマはその選択に迷うほどあらゆる分野に広がっていくのである。人は周囲の出来事を見つめ、語り始める。そしてある日、目を閉じ、森のもの音、小鳥の歌声、蟬の鳴き声、ふくろうのつぶやきを間近に聴く。人はそうしながら、思考や感情の多少ともはっきりした流れをつかもうと試みる。そして詩がうまれる。詩とは、子どもにとって感情を揺り動かし、笑いと涙をさそい、かれの夢を満たし、表現しがたい感情をもたらす何か、それでいて、かれにとっては最も貴重でかけがえのない何かを表現することなのである。この奥深さによって自由作文は同時に告白であり、内面の現れ、爆発であり、治療でもあり得るのである。

これが、あなたが水門を開き、道筋を変えた時から自由作文がもたらす豊かな内容のあらましである。

子どももまた、テキストを発信する主体であるという、この戦慄をともなう確信ゆえに、フレネは、当時の教員社会から孤立します。

教師たちにとっては、子どもは、与えられたテキストを咀嚼《そしやく》し、教師の声におとなしく耳を傾け、世界はかくあるものと教えられながら、自己の知識の空白をうめていく受け身の存在でしかなかったのです。

「自由な作文など誰も見たことがなく、そんなものが可能だとは誰も考えようとしなかった」と、セレスタンは書いています。印刷機で刷られた幼稚な子どもの作文を見た教員の仲間たちは口ぐちに叫びます。

――セレスタン、これのどこがいいの？　教科書の中にいくらだっておとなの作った素敵なテキストがあるというのに。こんな舌足らずより、はるかに役に立つのが！

かならずしも四十年まえのこととはいえない、とフレネはつけくわえていっています。子どもにほんとうの作文を書かせるなんて問題外のこと、といまなお多くの人びとは考えています。かれらは子どももまた考える存在であること、自己表現の能力をもつ自立した存在であることを信じようとしないのです。

「今日新しく独立した国々が、自由で豊かな表現の上にではなく、旧式な教科書のテキストの上に自分たちの教育システムを築くのを見るのは、何とも残念なことである」とも、セレスタンはいっています。第三世界の教育のゆくえを、すでにこのとき、かれは危惧をもって見つめていたのでした。

パウロ・フレイレがブラジル北東部で成人識字教育の活動を展開しはじめるのは、一九五〇年代から六〇年代にかけてです。

相手は子どもではなく成人ですが、学習者を、知識を移しいれる虚ろな容器としか見ようとしない、いわゆる「預金型」の教育に反対し、人びとがコミュニケーションの発信者となるための闘争として識字教育にとりくんだフレイレたちのいわゆる民衆文化運動は、考えようによっては、フレネ教育のモティーフの第三世界における新たな展開といってもよい一面をもっています。

❷ 教科書とその一斉授業に印刷機を対置する

だが、もう少しフレネの仕事についての話をつづけましょう。

先ほどもちょっとふれたように、フレネの自由作文の特質は、それが「印刷」というすぐれて手仕事的な作業とセットになっている点に求められます。

学校に印刷機を！

それはフレネ教育の核心を示すスローガンといえましょう。

「われわれは〈自由作文を実践しなさい〉とは言わない。〈学校に一つ印刷機を購入してみなさい〉、と言うのだ」

フレネはそういうのです。

印刷機が据えられたとき、教室でなにが起こったかを思いおこしながら、セレスタンは会心の笑みを浮かべて、これを書いているに相違ないのです。

細心の注意で活字を拾う子ども、挿し絵を思案する子ども、ローラーをまわす子ども、打ち紐でページをとじる子ども。刷り上がったページを食い入るように見つめて、できあがりを吟味する子どもたちの目と目。

教室はすなわちグーテンベルグの工房に一変します。

ぼくは、ある意味をこめて、それを「グーテンベルグの工房」といいたいのです。

グーテンベルグの、ということは、問題が、文字・活字・出版、そして本の文化と深くかかわっていることを暗示します。

工房というからには、そこで制作がおこなわれ、生産物が産出されるのは当然ですが、この場合、制作され、おくりだされるのはテキストであり、メッセージです。仕事場でおこなわれる作業は、テキストをうみだすという作業なのです。

いったい、なにを言いたいんだと問われるかもしれません。

言いたいのはこういうことです。「仕事の教育」という観点と同時に、もうひとつ、メディア論の視点からフレネの「グーテンベルグの工房」を見ていく必要がある、とぼくは考えているのです。

フレネの教室は、手仕事の場であると同時にメディアであり、労働の場であると同時にコミュニケーションの発信基地でもあります。そのコミュニケーションは、くりかえしていいますが、活字を媒介とするコミュニケーションです。

機関誌『学校印刷所』に掲載したセレスタンの宣言の一節を、エリーズは、『民衆教育の誕生』のなかで引用しています。そこには、こんなことが書かれています。

学校印刷の真の強みは誰もがそれをそうだと思う手仕事についての独自性にあるのではない。活字組み、インクつけ、印刷、掃除、活字の仕分け、いつも生徒たちがよだれを垂らすようにしてやりたがるそうした仕事が本命ではないのだし、また、かれらに課せられる清潔さ、集中力、段取りの良さ、これから述べるあれこれのことが問題なのでもない。

私たちのテクニックが教育にもたらす最たるものは何かといえば、現在の文明が手わたす個人間のコミュニケーションの手段を、学校という場で用いることによって、われわれの教育を現代化する可能性がひらかれてきたということである。

今日の学校教育のなかの旧態依然としたもののすべてが、すべての死せるものが、廃棄されねばならぬ。新たなる社会の市民が形成されねばならぬ。


セレスタンの最初の二冊の著書の表題は『学校印刷』と『教科書はもう要らない』でした。なかなか意味ぶかいことではないでしょうか。

前掲のセレスタンの文章で指弾されている「学校教育のなかの旧態依然としたもの」の筆頭が、教科書と、それにもとづく一斉授業であることはいうまでもありません。フレネはそれに「学校印刷機」を対置するのです。

しかし、教科書も、学校印刷も、いずれも「現代の文明」がわれわれに差しだしている活字メディアであることに変わりはありません。

❸ 活字を伝達のメディアから対話のメディアへ

教育の歴史とは、メディアの歴史です。

コミュニケーション・メディアの様式を基準にしていえば、近代学校は、活字文化に対応する制度として成立したといっても過言ではないでしょう。

口伝えの文化のなかで、人類は大いに「学ぶ」(learn)けれども、いわゆる「勉強」(study)はしない、といったのは、アメリカの文化史家のウォルター・オング(注)です。

勉強とは、rieng-nangsuu というタイ語がよく示しているように、たんなる学習ではなく、読み書き能力 literacy のうえに築かれる「本の勉強」のことなのです。それは学校制度と不可分です。口伝えの文化のなかで人びとが生活から知恵を学びとるのと対照的に、学校では子どもたちは、つまりは文字や本から、かれらの知識を汲みとるわけです。先生が教えてくれる知識も、結局は教科書という国家のお墨付きをえた本に書かれた知識であるからです。

公教育制度のもとで就学は義務化されました。勉強は子どもに課せられた義務となったのです。

もともと本というメディアは、相互的な対話よりも、一方的な伝達に適合するメディアです。書き手はあくまでも書き手であり、読み手はあくまでも読み手であって、そこに役割の相互転換というものが起こりにくいのです。

相手が目のまえにいないということも原因して、「書く」という行為はどうしてもモノローグ的になりがちです。

逆に口伝えの文化のなかでは、語り手と聞き手のあいだに、多かれ少なかれ直接的な交渉がうまれ、相互的な意見や情報の交換がおこなわれます。聞き手はしばしば語り手に転化します。また語られる内容自体も、場のダイナミックスに応じて、つねに流動し変容します。

教室のなかでの教師と生徒のコミュニケーションは口伝えのコミュニケーションですから、より対話的であってよいのですが、じつはそうではありません。

ロシアの言語学者のミハエル・バフチンは、教師と生徒の対話を、対話の形式をとった対話の不在、一方から一方へのモノローグ的語りかけの最たるものと見なしているほどです。みずからを真理の代弁者とみなし、それを生徒たちに伝授する学校的言説というものは、本質的にモノローグ的・反対話的であらざるをえないのです。「伝達」メディアとしての教科書は、教師によって領導される一斉授業に連動し、教室内部の口伝えのコミュニケーションをもモノローグ的なものに変えていきます。

こうして、ある条件のもとでは、literacy のモノローグ性が、口伝えのコミュニケーションの場にまで浸透していくわけです。

フレネは、このコミュニケーションのあり方を変革するテコとして学校印刷を提案するのです。学校印刷というメディアをもちいることによって、メッセージの受け手としてのみ位置づけられてきた子どもをその発信者たらしめ、それと同時に、より横断的で相互的なコミュニケーションのネットワークを、学校空間の内部に創出しようとするのです。教科書文化の牙城である学校空間の内部に、です。

オーラルな場面のなかで対話を実現するだけではなく、よかれあしかれ学校文化の本来の領野である literacy の領域で、フレネは相互的なコミュニケーションの網の目をつくりだそうとしたのでした。伝達のメディアとして存在する活字と本を、対話のメディアとして使いこなす、その可能性をかれは子どもたちとともに追求したのです。「学校」的なコミュニケーションのあり方を変える、ということは、じつは近代の「活字文化」そのもののあり方の変革と密接につらなるものであったのです。

❹ 生徒―教師の関係性の変革を――フレネとフレイレ

フレネの実践とパウロ・フレイレの仕事との照応は、ここまでくると、もう明瞭です。パウロ・フレイレの名をきけば、きっと多くのかたは「預金行為としての教育」というかれの有名な指摘を思い起こされるでしょう。

「預金型」教育概念を批判した『被抑圧者の教育』(邦訳『被抑圧者の教育学』亜紀書房)のテキストから、例によって重要と思われる一部を引用してみます。

教師―生徒の関係が基本的に一方的に語りかけるという特徴をもっていることは、その関係をあらゆるレベルで、学校の内外を問わず入念に分析すれば明らかになる。

この関係には、語りかける主体(教師)と忍耐強く耳を傾ける客体(生徒)が含まれている。語りかける内容が、価値についてであろうと現実に関する経験的事柄についてであろうと、それらは語りかけられる過程で生気を失い、硬直してしまう。教育は、一方的な語りかけという病に陥っている。

「一方的な語りかけという病」。あまりにも思い当たることの多いことばです。

ぼくら教師は、一方的に語りかける内容で、一生懸命、生徒を「満たし」ているわけですが——それゆえに「預金型」なのですが——はたして生徒が、〃学んで〃いるかどうかはまったくべつな問題です。

前記のテキストからもわかるように、フレイレがなににもまして注目しているのは、教師と生徒の関係性です。預金型教育が、内包しかつ再生産しようとする教師—生徒関係を、フレイレは、十の指標をあげながら、特徴づけています。

1. 教師が教え、生徒は教えられる。
2. 教師がすべてを知り、生徒は何も知らない。
3. 教師が考え、生徒は考えられる対象である。
4. 教師が語り、生徒は耳を傾ける——おとなしく。
5. 教師がしつけ、生徒はしつけられる。

6. 教師が選択し、その選択をおしつけ、生徒はそれにしたがう。
7. 教師が行動し、生徒は教師の行動をとおして行動したという幻想をいだく。
8. 教師が教育内容を選択し、生徒は(相談されることもなく)それに適合する。
9. 教師は知識の権威をかれの職業上の権威と混同し、それによって生徒の自由を圧迫する立場に立つ。
10. 教師が学習過程の主体であり、一方、生徒はたんなる客体にすぎない。

この関係を変えること、それは一つの社会の文化を変革するということとほとんど同義です。この種の教師—生徒関係は、教育に固有なものではありません。ですから、フレイレの教育論は、狭義の教育論というよりも、文化の諸領域を横断する関係性の変革の理論なのです。そのキーワードこそが「対話」でした。人びとの相互主体的なコミュニケーションを、それぞれの場においてどう再構築するか、それが、フレイレが提起しているプログレマティーク(問題設定)の核心だと思います。

かれが直接的にかかわったのは成人識字教育の活動ですが、読み書き行為のなかで「対話」の可能性を追求するフレイレの実践は、フレネのそれと、モティーフにおいて大きく重なりあっています。

フレイレは、識字というものを、文字の習得にとどまらぬもっと大きな射程のなかで考えているのです。人間の一人ひとりが主体として世界と自覚的にかかわりあう、その自己変革の過程の総体が「識字」なのです。

❺ 対話によって世界を読み、表現する

「書く」ことによって、人間は意識的に世界を見つめ、自分の世界の見方それ自体を対象化します。しかし逆にいうと、そういう存在の自己覚醒のプロセスにしっかりと統合されたときに、そのときにのみ、「書く」ことは、学び手を全人間的にゆりうごかす、かれ自身の内発的な行為となるのです。「書く」という行為は、世界がなげかける問いにたいする私たち一人ひとりの応答です。人間が主体として世界にかかわっていく、その運動のひとつの様式です。「書く」ことは、それだけとりだして技術的に処理できるような、孤立した行為ではないのです。

ですから識字は、文字からはじまるのではなく、人びとが口伝えのコミュニケーションによって、すなわち対話によって、「世界を読む」ことからはじめられます。フレイレたちの識字実践では、まず一枚の絵、写真、スライドなどが提示されます。自分たちの状況がその映像に、ひとつの断景として写しだされます。自分がそこから何を読みとるかを、人びとは自由に、しかし、徹底的に議論するのです。

テキストは、文字よりもまず口頭の対話によって、形づくられていくのです。

フレイレ派の民衆教育では、演劇(即興劇)もまた、しばしば重要な役割をはたしています。文字ではなく、演技というもう一つのメディアによって、人びとは自己の状況を表現(対象化)し、また、そこに介入しつつ、ドラマをつくりかえていくのです。

学校の教育がそうであるように、劇場でおこなわれるいわゆる近代演劇は、演ずる者と見る者とをはっきり二分化し、観衆が創り手としてドラマに介入する可能性を封じてしまいます。文化が受動的に享受し消費する商品となったときに、私たちは一方に学校と、他方に額縁舞台によって重装備された近代劇場をもつことになったのでした。

学校のなかの先生と生徒の関係は、劇場のなかの演じ手と観衆の関係と対応しています。だが、演劇もまた、人びとがそれを奪い返すことによって、相互的なコミュニケーションをつくりだしていく重要なメディアです。

このように、フレイレたちの識字実践では、文字以外の媒体による対話と意識化がひじょうに重視され、それと相互に浸透しあうかたちで、文字の習得と使用が展開するわけです。

文字の習得と使用、alfabetización と post-alfabetización とは、フレイレにおいては不可分です。人びとは、文字を学んでから、メッセージを発信するのではなく、文字を学びながら、本をつくり、新聞を発行するのです。

ラテンアメリカでは、識字の運動は民衆メディアの創造の運動と連動しています。マス・メディアに対抗して民衆が「下から」小さなメディアを、かれらの新聞を、芝居を、ポスターを、歌を、壁画を、ラジオ放送をつくりだしていこうとする動きが、ラテンアメリカではひじょうに活発なのですが、識字もまた、そうした運動の一つの環として機能しているのです。

ラテンアメリカのマイクロ・メディアの運動については、『ラテンアメリカの新しい伝統』(晶文社)のなかでその一端を紹介しましたので、ご参照いただければさいわいです。

こうした運動の諸相を見ていると、フレネ教育との照合ぶりが、ますます強く印象づけられてくるのですが、それも、ゆえなしとはいえないでしょう。

❻ なぜ、「書く」ことを重んじるのか

生活綴り方、フレネ教育、フレイレの識字実践が、いずれも「書く」ことを基軸にして展開されていることは、重ねていいますが、ひじょうに興味ぶかいことです。

「書く」ことによって学ぶ、というかたちで教育活動が展開されているという点では、そのどれもが共通しています。

「生活から学ぶ」その方法として、フレネたちは、とりわけ「書く」ことを重視したのでした。子どもの内発的な表現意欲に立脚することによって、かれらの興味をより大きく広げ、深化していこうとしたのでした。

「書く」という行為は、それ自体はきわめて個人的な行為です。書くということは多かれ少なかれ自分のなかに引きこもって書くということであって、その点が口伝えの会話とは大きくちがっています。

フレネは、個々の子どもの思考と学びのプロセスをひじょうに重要視します。そこから個別学習とい

う考え方がうまれてきます。個人学習カードがフレネ教育の技術の重要なレパートリーのひとつであることは、あらためて申し上げるまでもありません。プログラム学習の導入にたいしても、フレネ派の教師は一般にたいへん積極的です。「書く」ことを重視するのもおなじような考え方からでしょう。

書くためには自分で考えるほかはありません。

授業や集団討論の場合は、自分ひとりで考えを組み立てるわけではなく、他人の思考に乗っかるかたちで自分の思考がかたちづくられていく、という面がたぶんにあります。

その集団思考のプロセスに全面的にコミットできれば、それによって自分自身の思考もより充実するわけですが、グループの頭の歯車と自分のそれがうまく嚙みあわないということは、当然、しばしば起こりうることです。

自分のペースで、かつ自分自身のことばで、自分がトータルに責任をとって考えを構築していくということになると、「書く」という行為がとりわけ重要になってきます。

ですから、一人ひとりの子どもたちの考える力をのばしていく、ということを大事にすれば、当然、書くことを重んぜざるをえないわけです。

生活綴り方やフレイレの識字もその点では同様なのですが、個にたいするこだわりという点では、フレネたちの主張はより鮮明です。

書かれたものからいいますと、フレネの子どもたちの作品は、夢や幻想を語ったものも多く、外部の事象をリアルに描くだけではなく、自分の内部の心象の表現にも大きな力点がおかれていることがわかります。子どもの意識の水面下の葛藤をそこから解読しようとする教師たちは、後述するように精神分析的なアプローチに関心を寄せていくことにもなります。そういうところが日本の生活綴り方とは少し違っているように思います。

❼ 表現することと、関係をつくることとを組織する

しかし、書くこと、あるいは表現というものの個別性を徹底的に認識していたからこそ、フレネは同時に、それをコミュニケーション行為と共同性にリンクしていくことの重要性をだれよりも鋭く自覚していたのです。

学習の個別化への意志と、組織化・共同化へのベクトルが、フレネ教育のなかではつねに拮抗しながら、相互にささえあっています。

それは表現に関してもおなじです。

書く、ということは、自己の内密な空間を構築することであると同時に、それを他者にむかって開くということでもあります。

表現が自閉したときには、それは、かぎりなくモノローグに近づいていきます。

語ること、また書くことを、フレネは、他者への語りかけの行為として組織しようとしたのでした。

表現することと、認識することと、関係をつくることを、どう統一的に組織するかという問いから、学校

印刷が、学校間通信が、そして学校協同組合の着想がうまれたのです。自由作文への関心とメディアへの関心が〝最初から〟直結していた、というのがフレネのいかにもフレネらしいところです。書くことはたんなるモノローグであってはならないのです。それは、メディアを媒介とするコミュニケーション行為、終始、他者との関係をつくる行為として組織されたのです。

どのテキストが印刷に付されるかは、教師をふくむクラスの仲間の投票で決定されるのですから、子どもは自分の書いたものを、最善をつくして朗読します。ぞんざいに書かれたものは、当然、朗読しても相手に理解されません。だれのテキストのどの点がよいかを評価することによって、自分の文をより客観的に捉えかえす力も育ってきます。印刷されるテキストが決定されれば、それをレイアウトし、印刷物に仕上げるのは集団です。たんに鉛筆でテキストを書くだけではなく、本や新聞をつくるのですから、つくる過程でも、つくられたものを読んでもらう過程でも、他者との相互作用というものがつねに介在することになります。

メディアとしての学校印刷の役割は、学校間交信においてもっと鮮明なものになります。南仏の子どもたちからブルターニュの子どもたちへ、ブルターニュの海辺の村からバー・シュル・ルーの子どもたちへ、それぞれの村の暮らしや個人的体験を報告する手紙や文集がおくられます。フランスのもう一方の端にとどける印刷物でなにを語るべきなのか。自分の暮らしを相手に伝えるためには、それを見る目そのものをとぎ澄ますことが必要です。「まず一番にするべきこと。それは文通の相手に自分たちの心を知らせる心づかいだ」。プロバンスの風景。オリーブやオレンジの木。畑の仕事。一方、ブルターニュの漁村からとどく「生活の本」は、フレネの教室の子どもたちを海というものに親しませます。さまざまな種類の魚。海藻。藻。それから、海に生きる人びとを支配する闘いや心配の種などについて。

一九二六年には国境をこえてベルギーの子どもたちとの交流がはじまります。

お互いの地域の暮らしと心を伝えあうこの学校間通信は、いかなる書物にもまさって、強く子どもたちの興味をひきつけるかれらの「教科書」となるのです。

資財の調達からテキストの印刷、そして送付や販売といった共同作業にあたっては、決定と執行を担うなんらかの組織が必要となります。それが学校(学級)協同組合です。

子どもたちによって運営される学級協同組合は、子どもが自分たちで決定し、自分たちのイニシアティブと責任でその決定を担いきっていく自治訓練の場でもあります。

いったん自由作文と学校印刷をはじめれば、そうした集団づくりの過程が必然的に派生してくるわけです。

そうしたネット・ワークのなかで、というよりも、そうしたネット・ワークをかたちづくりながら、テキストは書かれ、印刷され、交換されていたのです。

フレネはおそらく、協同組合という組織にとくべつな思いをこめていたのではないでしょうか。それは生産物の自主的な流通と生産のための組織であるだけではなく、人びとがみずからの学びを協働化し、かれらの文化を創出していく運動の場としてあったのです。

フレネ教育から分岐した「制度のペダゴジー」(2)は、この「関係性の構築」という点に力点をおいて、フレネ教育を批判的に継承しようとしている運動グループです。
子どもが学校の主人公になる、ということは、かれらが学校での共同生活を、とりわけその学習を、自分たちの意志と力で自主的に組織し、管理するということです。広義の反精神医学、労働運動、学生運動のなかの自主管理思想と連動して台頭したこのグループの動きについては、いつかまた機会をあらためて報告したいと思います。

【注】 Walter J. Ong, Orality and Literacy —— The Technologizing of the Word 1982, 桜井直文・林正寛・槽谷啓介訳『声の文化と文字の文化』(藤原書店)。ただし邦訳では別な訳語があてられています。

3 「制度のペダゴジー」をめぐって

❶ 「制度のペダゴジー」とはなにか

お約束したのは昨年のちょうどいまごろでしたが、なかなかそのための時間をとれず、もっとあからさまにいえば、そのための準備がととのわず、とうとう今日になってしまいました。

といっても、その間、これといって新しい資料が入手できたわけではなく、あいかわらず準備不足の状態はつづいているのですが、それでも、このグループを視野からはずしてフレネ教育を語るのは、ぼくとしては釈然としないので、かれらが提起している問題の輪郭だけはざっと紹介しておきたいと思うのです。

「制度のペダゴジー」(la pédagogie institutionnelle)ということばにはじめてフランスで接したとき、それがなにを意味するのかよくわからず、ぼくはしばらく首をひねったものです。

まず、ひっかかるのが、institutionということばです。「制度」ですね。それと関連して思い起こされるのが、フレネ教育の運動体であるla cooperative de l'enseignement laïque（世俗教育協同組合）です。laïque（世俗）というのは要するに「公立の」ということですから、国家の教育制度の、その末端要員たる教師たちによって担われた教育運動である、ということが、フレネ教育のグループの名称として示されているわけです。実際、ヨーロッパの、とくにフランスのフレネ運動は圧倒的に公立学校の教師たちによって担われてきました。われわれの実践は公教育という「制度のなかの」実践である。まずはそのことをしっかりと直視し、分析しようというのが、フレネ派から分岐した「制度のペダゴジー」の主張です。

ですから、このグループは「制度としての教育」という視点をことのほか強調します。近代公教育というものが官僚制的なシステムによって運営されていることは申すまでもありません。教えるという行為は、もともとは人間のだれもがおこなうきわめて内発的で、かつ相互的な行為なのですが、「教員」になる、教員としてなにかを教えるということになると、それとは異質なベクトルがはたらくことになります。教員は国家によって認められることによって「教員」になるのです。国家の定める資格要件を充足した者が、上級官庁に任命されて教員になり、国家の定める教育内容を、定められた方法と手続きにしたがって一方的に生徒たちに伝えていく、それが機構としての近代公教育の基本的なあり方であるわけです。こういう官僚制的な階梯組織のもとでは、教えるという行為は、教師の自己決定にもとづく自由な行為とは多かれ少なかれ異質なものになっていきます。それは形式的な行政事務の執行に似たものとなるのです。教員がそういう役割と機能のなかに自分をはめこんでいくことと対応して、子どももまた、「生徒」という役割のなかに自分をはめこんでいくことになります。「生徒」とは「教えられる」存在であり、学ぶべき内容を自己決定する権利を剝奪されている存在であり、たえずテストされ、評定され、格づけされる存在です。かれらの学習もまた、国家によってプログラム化された教育内容を消化し、記憶し、正確に回答して、認証をうる一種の下請け事務となるのです。こうして教育は、教師・生徒のいずれにたいしても、プログラムへの順応、服従の習慣、評定点への強迫観念をうえつけ、両者のあいだの支配と依存の関係を不断に再生産するものとして機能しています。

こうした関係性にたいして無垢なものとして「理想の教育」を追求するのではなく、あくまでも現実の学校制度のなかで、それにたいする生徒のリアクションそのものをとおして、かれらのうちに自治への欲求と関係を組みかえる力を育てていかねばならぬ、と主張しているのが「制度のペダゴジー」です。la pédagogie institutionnelle という名称には、たぶん、二つの意味がこめられています。

ひとつは、いま述べた「制度のなかの教育あるいは教育学」ということです。既成の学校制度のまっただなかから、その論理との対決をとおしてうまれてきた教育学であり、教育実践である、という自負が、そこにこめられているわけです。

第二に、おなじことをもう少しポジティヴにいうと、制度のペダゴジーとは、つまり「制度をつくるペダゴジー」なのです。それは教師が、そして子どもたち自身が、既成の制度をほりくずして、みずからの空間、みずからの制度をつくりだしていく、その過程的な論理の追究なのです。

官僚制的な社会のなかでは「制度」はつねに与えられたものとして存在します。

しかし、institutionという名詞は、フランス語では、instituerという動詞から派生しています。制度とは人間が構築するものであり、制定するものであって、だからこそ、「制度」なのです。重要なことは、他者と協同しつつ、自分たちの力で制度をつくりだしていく力量を、一人ひとりの人間のなかに育み、強化していくことです。つねに既成の制度のなかに組みこまれて生きてきた人間、一方的に、instituerされる存在(institué)である「教師」や、とりわけ「生徒」が、instituantsすなわち制度をつくる行為者に転化していくことです。

人民が掟《おきて》をつくる、ということは民主主義の基本です。だから、民主主義教育というものは、その掟をつくる人民の能力を高めるものでなければならぬはずです。約束ごとや人間関係を律するインフォーマルな習慣をもふくめて、ここではそれを掟とよんでおきたいのですが、「制度のペダゴジー」は、つまりは人民がみずからの意志にもとづいて、みずからの生活を組織する民主主義の原理をまずは学校というミクロな社会のなかで追究する教育実践である、ということになるでしょう。

いそいで付言しておかなければなりませんが、「制度のペダゴジー」派の教師のなかには「掟を立てる」というこういう発想をひじょうに嫌う人たちもいます。それについてはあとで述べましょう。だが、いずれのグループにおいても、目指されているのは、与えられた制度のもとで、それをこえる異質な制度を形成していく力です。

そしてその過程で、まず問いなおされるのが、教師と生徒の関係性です。

❷ フレネ教育からわかれて「制度のペダゴジー」をつくる

このグループの理論家のひとりで、ミッシェル・ロブロ(Michel Lobrot)という人がいます。たくさんの本を書いていますが、一九六六年に出された『制度の教育学——自主管理をめざす学校』というこのグループの理論的な骨格を提示した著作のなかで、フェリエールからクラパレード、そしてフレネにいたるフリースクールの実践を批判して、こんなことをいっています。

フェリエールの、あるいはクラパレードの〈新学校〉にたいしても、フレネの流れをひく〈現代学校〉にたいしても、それらに向ける(われわれの)批判の底には、おなじ精神がはたらいている。これらの運動が興味深い一連のテクニックをうみだし、それによって教師の既成の「権威」を疑問に付してきたのは事実である。私たちが第五章で論じてきたことを想いおこしていただきたい。たとえば、フレネの〈自由作文〉や〈自由デッサン〉。教師は一歩引き下がって、主題の選択にも、作品の着想にも、素材の選択にも、干渉しない。ある活動に従事しているあいだ、すべてをとりしきるのは生徒であって、先生は生徒に〈仕える〉だけだ。

しかし、〈新学校〉にも、〈現代学校〉にも、制度的な次元が欠落している。教室のなかに新しい制度を創出することや、教師と生徒の関係を根底的に問いなおすことが明示的にめざされているわけではない。〈自由作文〉、〈自由デッサン〉、学校間通信等々がつかわれていても、教室のなかでは教師の権威は依然として絶対的なものでありつづけるかもしれないのだ。それは全面的に更新され、新しいモデルにもとづいて運営される新しいタイプの学校の創出をめざすものとはいえない。

制度的な次元の視野からの欠落は重大である。もう一度いうが、制度が存在しないか、あたかも重要でないかのようにふるまうわけにはいかないのである。人間はなによりも、かれが生きる〈社会〉によって規定される存在であり、その想念、その苦悩、その感情はそこからしたたり出ているのである。[1]

「制度のペダゴジー」とフレネ教育運動の分裂の経緯については、ぼくにはあまりよくわからないのですが、レミ・エッスによれば、一九六二年のＩＣＥＭ(Institut Coopérative de l'Ecole Moderne)の大会で、両者の離反はほぼ決定的なものになったようです。[2]

フェルナンド・ウーリィ、レイモンド・フォンヴィエイユを中心にしたパリの一群の教師たちが、精神分析、グループ・ダイナミックス、ソショメトリー、ロジャーズのカウンセリング理論などに強い関心を示し、これらの臨床科学、「人間科学」とフレネ教育の結合、前者による後者の深化と発展を説いていたのにたいして、どちらかというと農村部をフィールドにもつフレネ教師の多数派はきわめて冷淡にこれに背を向けていたようで、その齟齬《そご》がだんだん埋めがたいものになっていったというのが、エッスが伝える分裂の大まかな経緯です。エリーズ・フレネの『民衆教育の誕生』の冒頭に、われわれの教育学は「下から」形成された特別製の教育学である、というセレスタン・フレネの文章が引用されていることはまえにも述べましたが、あくまでも自分たちの現場の経験から理論と方法を組み立てていくという気風がフレネ教師たちのあいだには伝統的につよくあって、それが「パリ」派にたいするかれらの拒絶反応となってあらわれたということでしょうか。プロヴァンスの古い世代の教師たちと、あらたに運動に参加したパリの若手の教師たちの関係はしだいにぎくしゃくしたものになって、最終的に決裂していくわけです。(3)

フレネ・グループから別れた人びとは、一九六二年に「教育技術研究会」(Le Group des Téchniques Educatives)という新しいグループをつくるのですが、このグループもすぐに内部対立をおこして、一九六四年には教育の臨床的な面を重視し、精神分析につよく傾斜するウーリィたちの Le Group d'Education Thérapeutique(GET)と、教育の政治的な面を重視し、自主管理の思想を前面にうちだすフォンヴィエイユ、B.ベシエールたちの Group de Pédagogie Institutionnelle(GPI)にわかれていきます。

ウーリィたちのグループは小学校の教師が多く、ウーリィ自身は小学校の「落ちこぼれ組」の担任でした。集団生活に心理的な不適応を示している子どもが多く、おそらく、こうした事情にうながされて教育の臨床的な、サイコ・セラピー的な側面に関心の重心がうつっていったのだと思います。GPIのほうは中等学校の教員、大学の教員が比較的多く、学校のみならず、あらゆる生活の場においてautogestion(自主管理)を追求する社会変革の運動という性格をつよくもっています。一九六八年の五月を思想的・運動的にリードしたのはかれらでした。ポワティエ大学の社会学科やパリ大学のヴァンセンヌ分校は「制度のペダゴジー」のある種の実験場となりました。

❸ 精神科病院のなかの自主管理がどう行なわれたか

「制度のペダゴジー」の成立にあたって、決定的に重要な役割をはたしているのが、精神医療の領域で一九四〇年代からすすめられてきた thérapeutique institutionnelle(制度の医療)の実践です。このグループは早くからフレネ教育の重要性に着目し、その方法の摂取につとめてきましたので、ウーリィのように、フレネ教育と臨床科学との結合をつよく主張する者がフレネ運動のなかからもうまれてくるわけです。

精神医療における institution とは、具体的にいえば病院です。病院、とりわけ精神病院は、文字どおり、日常生活の場から隔離された収容所(asile)として存在しています。患者たちは、そのなかに囲いこまれています。

そして、その病院のなかには二種類の人間がいて、かれらの役割ははっきりと区別され、かつ固定されています。すなわち、一方には面倒を見る人 soignants がいて、他方には面倒を見られる人 soignés がいます。前者は医者であり、看護人であり、後者は患者です。患者は医師や看護人によって管理され、監視される対象です。患者が自分自身の力で病気から立ち直るのではありません。病院という制度のもとで、医者が病人を「治す」のです。「治す」という動詞の主語はつねに医者の側に帰属するのです。

「制度の医療」の実践者たちは、集団療法のさまざまな手法をもちいて、soignant と soigné という「病院」的な関係性をすこしずつ変えていこうと試みたのでした。患者もまた、——というよりも患者こそが、癒しの行為の主体でなければならないのです。社会から隔離され、つねに管理され監視される状態のもとにおかれながら、どうして「患者」が自分を「再—社会化」できるというのでしょうか。精神病は基本的には関係性の病です。あたりまえな生活のなかで、一人の主体として、他者との関係をつくりだしていく、そういう行為をとおしてこそ、患者は自分を再—社会化していくことができるのではないだろうか。医師たちは、そう考えたのでした。

「制度のペダゴジー」の場合と同様に、ここでも「人間関係を構築する」という意味をこめて、instituer という動詞がつかわれています。他者との関係をつくり、共同で生活を組織していく実践の場として、患者が自主運営するレクレイション・クラブや農場や売店がつくられます。ついには病院生活そのものが、かれらによって自己管理されるのです。病院は治療と生活のための共同体となるわけです。

この実践をもっとも精力的におしすすめていったのが南仏ロゼール地方のサンタルバンの病院長フランソワ・トスケルとジャン・ウーリィで、(4) 「制度のペダゴジー」グループもかれらから強い影響をうけているのですが、トスケルの病院に勤務したのちにアルジェリアにわたり、アトラス山のふもとのブリダという町の病院で、サンタルバン方式の「制度の医療」を実践したのが、あのフランツ・ファノンなのです。

ブリダの病院のかつての同僚たちが語る「精神科医としてのファノン」の仕事ぶりは、おおむね以下のようなものでした。鈴木道彦氏の『異郷の季節』から、ちょっと長くなりますが引用してみます。

この病院に着任したばかりの若い精神科医ファノンに委ねられたのは、五つの部門のうちの第五番目のものだった。そこには当時百六十人の患者がいたが、驚くなかれ、そのうちの八十人はベルトをはめられ、十二人は拘束服を着せられ、さらに三人は全身を身動きできぬように固定されて、食事も排泄もそのままの姿勢でさせられていたという。彼らが横暴だから、というのが口実だが、その患者たちはいずれもアルジェリア人だった。このころの病院ではアルジェリア人とフランス人は完全に隔離されていたのであって、むろんフランス人の病棟には拘束服はなかったのである。だからこれはボロ理論(=アルジェリア人は大脳皮質の構造的欠陥によって先天的に犯罪者であるというボロ氏の理論。ボロ博士はかつてブリダ病院の院長であった―引用者注)の見事な応用といってよいだろう。

そうした患者たちの解放のために、ファノンはまず職員の説得と再教育から手をつけたらしい。日曜日には、患者と職員がだれでも出席できる講義が開かれ、看護婦の養成所も新設された。まず小人数のメンバーから成る〈収容患者を守る委員会〉comité de la défense des détenusが、ファノンの管轄する病棟内に形成された。そうした準備を一方で整えながら、他方でファノンは患者の経営する喫茶店の開設を当局に要求した。そして当時としては破天荒なこの要求が一蹴されるや、彼は委員会メンバーを中心とする病棟職員からカンパを募って、自分の病棟内に強引に喫茶店を作ってしまった。今では病院全体に五つのカフェがあって、いずれも患者が経営しており、私もそのうちの二つを訪ねてみたが、そのそもそもの始まりがファノン病棟であったという。

ついで患者による新聞が発行された。〈われらの新聞〉という題で、表紙には回教寺院の尖塔が印刷されていたのを、アブデルカデール氏は鮮明に記憶している。記事を書くのも印刷も患者の仕事であった。

患者と病棟職員が一体となった各種委員会もできあがった。レクリエーション委員会、宗教委員会、財政委員会、等々。フット・ボールのチームも組織されたが、これは後に他の病棟にも広まって、優勝カップを争うようになる。そして或る日、ついに患者の外出が始まったのである。第五病棟の患者が一人、二人と、病院の門を出て行くのを、他の病棟の責任者はさぞかし不安な気持ちで見守っていたことだろう。しかし何も起こりはしなかった。むしろ結果は良好の一語に尽きるものだったという。

(「フランツ・ファノンの病院」(5))

ファノンたちが病院で試みてきたことと、フレネ教師たちが学校でおこなってきたこととのあいだの類縁は、前記の文章を丁寧に読んでいただければ明瞭でしょう。

たとえば、〈新聞〉の発行です。患者たちが記事を書き、デッサンをつけ、それを印刷します。ファノンの病棟にはアトリエが設けられ、新聞の印刷のほかに、籠つくりなどの手作業もおこなわれていたようです。共同作業をとおしての、「作業療法」がおこなわれていたわけです。そして喫茶店の経営。

各種の委員会をとおしての共同生活を組織していくという点も、共通しています。「制度のペダゴジー」とかかわってとくに重要な意味をもつのが、総会(assemblee generalle)とよばれる患者と職員の合同ミーティングです。ファノンの病棟の場合、この試みは文化的な要因に阻まれてあまり成功してはいないのですが(6)、フレネ教育、とくに「制度のペダゴジー」にとりくむ教師たちによって、総会(もしくは評議会)は、子どもの自治の中枢的な機関として大きな位置づけを与えられることになります。

❹ 学級評議会は、集団の眼・集団の頭脳となる

自由作文・学校印刷と、子どもたちによって運営される学級協同組合(すなわち表現と自治)は、フレネ教育にとっては一体のものでした。その学級協同組合の議決機関となるのが、学級評議会です。印刷にもちこむ作文はそこで選ばれますし、仕事の配置や段どりもそこできめられます。

教室=アトリエでは、みんなが一斉におなじことをするのではなく、子どもたちのさまざまな活動が同時的に進行するのですから。当然、最適な人数をそれぞれの作業や活動に配置していく必要がうまれてきます。

フレネの長方形の活字盤だと、一度に活字を拾える生徒は四人です。リモグラフには二人の人手が必要です。

だれが、なにを使い、なにを担当するか。それがこの評議会で調整されます。学校印刷以外のいろいろな活動についても同様です。

絵をかく架台は四脚しかありませんし、仕事台は三人の指物師、算数のアトリエは四人の数学者しか収容できません。

だが、フレネ教師たちは、学級協同組合の活動が展開するにつれて、この評議会が、たんなる調整機能をこえたもっと大きな役割をはたしていることに気づかされるのです。それは子どもたちが自分たちの学校生活を〈分析〉し、〈組織〉していく制度形成の場となっていくのです。

そうした評議会の機能にアクセントをおきながらフレネ教育を集団教育や自治訓練の方法として再編成していこうとしたのが、フェルナンド・ウーリィやレイモンド・フォンヴィエイユたち、GETやGPIの教師たちでした。

フレネ教育にとりくみながら、子どもの自治の場としての「評議会」の役割にしだいに関心を深めていくR.フォンヴィエイユの歩みを紹介したレミイ・エッスは、それを解説して以下のように述べています。

——それゆえに評議会は集団の自己分析の場となっていく。もはや分析は一人の専門家によって特権的におこなわれるものではない。みんなが発言し、分析をおこなうのである。すでに見てきたように、制度学派の精神医療においては、たとえば患者の自治的なクラブのように、治療のための一つの処方であったものが、しだいに医療制度の内部によこたわる葛藤をはらんだ諸関係の分析に進展していった。すなわち、重心が集団の制度的自己分析に移っていったのである。フォンヴィエイユの学級にもまさにそれと似たことが起こったのである。

フォンヴィエイユは危険をおかして、あえて、すべての決定を評議会に委譲した。評議会は週に二回の割でひらかれた。一九六三年には同僚のベシエールがそれを引き継いだ。評議会の時間は教育的自治のための最良の時間であった。仕事(勉強)にかかわるすべてのことがそこで決定された。問題点が摘出され、評価がおこなわれた。……そして教師は、生徒たちを、そして自分自身を不安にさせる事態がおこらぬかぎりは、レッセ・フェールの態度を堅持するのである。生徒が自らの責任において学級を分析するわけだ。(7)

評議会の機能と性格は多様です。知恵おくれの子どもや情緒障害の子どもが多いウーリィの教室では、評議会は、子どもたちの苦情処理機関、あるいは裁判所という性格をよりつよくもつことになります。クラスにはケンカや揉《も》めごとがたえません。悪さをする子どももいます。その場で行動に訴えるのではなく、クラスの仲間のまえでことばで問題を訴え、理非を討議する、その訓練の場として評議会は機能していきます。

「ジェラールとアランがハサミで蝸牛《かたつむり》の角をちょんぎった！　あれは学級のハサミだ」

「ぼくのボールがなくなった」

「勉強がいやだといってアランはノートを引き裂いた。学校間通信で送られてきた手紙までもやぶいてしまったんだ」

「アンドレたちのグループは印刷の仕事をサボって騒いでいた」

「ジャックは総会で自分を批判した男の子たちに仕返しをした。兄たちをよんできて男の子たちをおさえつけ、そして殴ったんだ」

いったん評議会が確立すると、クラスのなかの隠れた事件や葛藤がみんなそこに曝けだされてきます。すべての討議は子どもたちに委ねられています。議事は議長のイニシアティブのもとで進行します。教師は一人の〈市民〉として、討議に参加します。司法権と立法権はクラスの全体に帰属しています。

学級評議会、それはウーリィのことばをそのままつかっていえば、「集団の眼、集団の頭脳」なのです。


さまざまな組織と責任の問題も葛藤やいざこざの形をとって現れてくる。生徒や教師の質問によって問題がうきぼりにされていく。解決が提案される。グループのみんながが納得するまでは、それが強制されることはない。討論がおこなわれ、採決によって採択されることもある。その場合は、これらの提案は法になっていく。

〈制度〉という言葉によって意味されるものは何だろうか。ケンカすることなしに石けんを共用できるための単純な規則だって、それはもう立派に制度である。これこれの場所で、しかじかの時に、何がなされ、何がなされてはならぬかを決定する規則の総体、われわれが〈学級の法律〉とよんでいるものも、これも、もう一つの制度である。しかし、われわれはまた、自分たちが instituer するものを総称して制度とよんでいる。教室内の空間のわりふり、時程を決めること、行動の水準つまり何ができて何ができぬかにもとづく各人の地位の決定、機能(持ち場・仕事内容・責任)、役割(議長・書記)さまざまなグループわけ、会議を効率的におこなうための一連の儀礼、等々だ。(8)(アイダ・ヴァスケス、フェルナンド・ウーリィ『制度のペダゴジーに向かって』)

評議会の目的はたんに理非をあきらかにすることではないし、個人の責任を追及することでもない、とウーリィは指摘します。アンドレたちが仕事をサボって騒いでいたのは活字のケースがゴチャゴチャになっていたからで、問題はむしろ組織やシステムのほうにあったのでした。ノートを引き裂いたアランの件でも、子どもたちは非難したり、詰問するよりも、どうして彼がそんなことをしてしまったのかをしきりに問題にした、とウーリィはいいます。母親が再婚してアランは寂しかったのです。評議会の目的は、生贄《いけにえ》の羊をつくることではなく、クラスのよい人間関係をつくりあげていくことです。一見、常軌を逸した子どもの行為も、つらい状況にたたされた彼らのきわめて正常な反応であることが多いのです。評議会はたんなる「裁判所」ではなく、おたがいを理解し、問題がどこにあるかをあきらかにして、自分たちの環境を再組織していく「集団の眼」「集団の頭脳」なのです。

❺「制度のペダゴジー」がめざす変革のトレーニングとは

「制度のペダゴジー」の教師たちが交わしている激しい批判の応酬について、それを的確に整理することはぼくにはできませんが、「制度」というもののとらえかた一つをとってみても、そこにずいぶん大きな開きがあることは事実です。

ロブロやレミイ・エッスは学校という制度、「教師」という立場の自己否定をかなり徹底的におしすすめていくのですが、反対にウーリィの実践のなかで「教師」の指導性にきわめて大きな重みがおかれていることは明らかです。規律や規則についても両者の態度は異なっています。規則や「きまり」を重視するウーリィの制度概念をルネ・ルローは「あまりにも législatif(立法主義的)」だと批判します。制度をつくることは、ウーリィにとっては、あるしっかりとした形をもった生活の秩序をつくりだしていくことと同義です。小さな子どもや障害をもつ子どもたちがクラスのなかで安心して生活するためには、そこに安定した秩序がかたちづくられていることが必要だとウーリィは強調します。しかし、ルローたちから見ると、いかに子ども中心の形をとってはいても、それは基本的には教師主導のパターナリスティックな管理であるということになるのではないでしょうか。

ルローやエッスのウーリィ批判の最大の論点は、集団の〈分析〉が子どもではなく、教師によって独占的におこなわれているという点にあるようです。おたがいの実践記録をもちよって教師仲間でそれを分析するだけではなく、学級評議会そのものが集団の自己分析の場となっていくことが必要なのだ、とルローたちは主張するのです。超越的な分析者、〈知〉の担い手としての「教師」の立場に、かれらは異議を申し立てているわけです。いっさいの代行者主義を否定し、当事者みずからがおのれの社会の分析者となる、「非専門化された社会分析」を提唱するルローの立場が、そこに表明されています。

「制度のペダゴジー」にかんして気になっていることを、最後に二つだけメモしておきたいと思います。フレネ教育運動から「制度のペダゴジー」が分化していく過程と、日本の生活綴り方運動から生活指導運動が分化していく過程とのあいだには、すくなからぬ類似性があります。子どもの自己表現に力点をおいた作文教育のなかから、協働と自治に力点をおいた集団教育が派生して、両者が分化あるいは分立していく道すじは論理的に大きく重なりあっています。比較史的な視点からその経緯を検討するとおもしろいのではないでしょうか。

とりわけ一九六八年五月以後、大学や労働運動のなかでつよく主張され実践されたいわゆる自主管理運動と「制度のペダゴジー」とのかかわりも視野からはずすことのできない重要なテーマです。まえにも言いましたように、「制度のペダゴジー」は教育運動というよりも、より広範で、かつラディカルな社会運動としての性格をつよくもっているからです。

「制度のペダゴジー」において、教育学は、学校の領域をこえた言説となり、実践となった。それがこの教育学のきわだった特徴だ」と、クセジュ文庫の『新教育』の著者ジャン・ポウル・レスウェベールは述べています。(9) たまたま学校のなかで実践されることによって、「制度のペダゴジー」は「ペダゴジー」となるのですが、しかし、このペダゴジーはかならずしも学校のみを実践の舞台としているわけではないのです。自主管理の試みと闘争は、工場でも、また病院でもおこなわれています。学校も病院も工場も(そして「革命」的な既成組織もまた)、われわれの社会の支配的なありようを如実に映しだした一つの政治的なミクロコスモスです。その権力のヒエラルヒーのもとで、自治能力、民主主義的な関係性をかたちづくっていく経験と力量をつちかっていく実践として「制度のペダゴジー」はあるのですから、それはもはや学校だけに限定された閉じたペダゴジーではありえないのです。学校という一つのミクロコスモスの人間関係を変えることは、社会そのものを民主主義的に変えていくトレーニングでもあります。一つの社会の底深い変革は、こうした経験と能力の成熟と蓄積によって条件づけられるものではないでしょうか。

【注】

(1) Michel Lobrot, La Pédagogie institutionnelle l'Ecole vers l'autogestion 1966, P. 202

「制度のペダゴジー」派のフレネ教育にたいするスタンスを簡潔に示すもう一つのテキストを紹介しておきたい。一九六六年、フレネの死去にさいしてルネ・ルローが雑誌 Autogestion に書いた以下の一文である。

「フレネは理論家ではなかった。幸いにも、かれは理論家にまさる、もっとずっと大きな存在であった。すべてが問い直される移行期にあっては、行動の人、見者としてのかれの資質は、おそらくそれだけでは不十分なものとなるだろう。だが、かれのメッセージの本質は依然として揺るがない。……自由作文は教育のありかたをくつがえした。その最初の試みから四十年たった今も、ひとは、そのことの巨大な意義を計りかねている。教師の手に、あるいは教科書のページのなかにしかなかった表現の手段を、子どもがみずからの手に掌握したとき、言語のはたらきは変わっていった。抑圧的で人を怖じけさせる学校の言語制度が、その性格を失う。〈子どもの制度〉は、モンテーニュがいうであろうように、もはや教師 instituteur のためにあるのではなく、子どもが現実にたいするみずからの欲求を把握するためにあるのである。はじめて子どもの欲求という現実が立ち現れてくる。子どもはもはや教育の支配に服する罪人ではない。知らぬという罪、先生の講義に、秩序に、制度と教師の気まぐれに興味を示さないという罪、そして大人じゃないという罪をおっかぶされた無力な罪人ではない。自治の力をもち、発達への意志と自由な行動への欲求をそのうちにたぎらせた一個の独立した存在なのだ。学校新聞と学校間通信は自由作文とともに開始された教育実践のプロセスをあらたな方向に開いていく突破口となった。すなわち、交換と社会参加(la sociabilité)である。外部の環境が、もはやカッコで括られることはない。それは子どもの日常の文化のなかにはいりこんでくる。

フレネ教育の限界は、その行動主義、その参加主義(participationnisme)である。

子どもを刺激し、子どもを行動させたからといって、子どもを十全にうけいれたことにはならぬ。子ども相互の、そして子どもと教師の関係性が、必然的に問われるのである。その解決はもっぱら経験主義と教師の善意にたよっておこなわれてきた。学級のあたらしい概念とあたらしい技術がはいりこむことによって、空白はいっそう明白なものになった。人間諸科学がうめようとしているのは、まさにこの空白なのである」(Autogestion déc.1966)

(2) Rémi Hess, La Pédagogie institutionnelle aujourd'hui 1975

(3) 脱稿後、Raymond Fonvieille, L'aventure du mouvement freinet 1989 を読むことができた。フレネ・グループからの離脱のいきさつを語った証言である。パリの急激な社会変容と子どもたちの特殊に都市的な閉塞状況に直面した若い教師たちが独自な動きを展開していく過程でフレネと反目していく過程が語られている。パリにユネスコのフレネ学校を設立するという話がもちあがって、その対応をめぐって、パリとプロヴァンスの関係がいっそうややこしくなっていったようだ。

(4) Jean Oury は後に F. Guattari, G. Michaud とともに Cour-Cheverny に La Bord 病院を開設、ここも psychothérapie institutionnelle の重要なセンターとなった。なお、Jean Oury と Fernand Oury は兄弟で、Jean もまたフレネ教育とのかかわりが深い。

(5) 鈴木道彦『異郷の季節』一九八六年、みすず書房

(6) 海老坂武『フランツ・ファノン』一九八一年、講談社 P. 150-154参照

(7) Remi Hess Ibid., P. 65-66

(8) Aïda Vasquez, Fernand Oury, Vers une pédagogie institutionnelle 1957, P. 87, 81-82

(9) Jean-Paul Resweber, Les pédagogies nouvelles, Que sais-je? 1986, P. 32

III

世界を読み解くということ

1 見えないものを見る力

❶ 文章のなかに潜んでいる内容を読みとる

ぼくは、社会科教育は一種の読み方教育であると考えている。国語の読み方教育は文章を読む力をそだてる教育であるが、社会科教育は社会を読む力をそだてる教育であると、ぼくなりに勝手に考えているわけだ。

文章のとおりいっぺんの意味を読みとるだけならば、国語でわざわざ読み方を訓練する必要はないはずである。おなじように、社会の制度や表面的なできごとをただなぞるだけならば、わざわざ社会科教育などというものをおこなう必要はないのである。

国語の読み方教育について、ぼくは、さしたる見識があるわけではない。しかし、読み方教育の授業をみていると、すぐれた社会科や理科の授業と共通するなにかを発見して、「これだな」と思うことが多い。ひとくちでいってしまえば、それは「解読」の魅力ということになるのではないかと思う。

とおりいっぺんに読みながして「わかった」つもりになっている文章でも、注意ぶかく読みかえしてみると、もっと底ふかい内容があって、その深い内容がつかみとれぬがために、「なんだ、こんなもの」とタカをくくってしまうことが、ぼく自身、すくなくない。芥川龍之介の『トロッコ』の書きだしは、

小田原熱海間に、軽便鉄道敷設の工事が始まったのは、良平の八つの年だった。良平は毎日村外れへ、その工事を見物に行った。

となっている。その「村外れ」を、たとえば、絵にかいてみる。どんな情景を想いおこすことができるだろうか？　密集した少数の人家。寄りそうようにして暮らす村の人びと。少年がそのなかで育ってきた、それはそれなりに自足した内密な世界。その外部に広がる「村外れ」で、鉄道の敷設工事がはじまるのである。この「村外れ」、というよりも、村と「村外れ」の対立をどれだけくっきりとイメージできるかによって、この作品の感受のしかたはまったく別なものになってしまうだろう。おなじように、

煽るように車台が動いたり、土工の袢纏の裾がひらついたり、細い線路がしなったり――良平はそんなけしきを眺めながら、土工になりたいと思う事がある。

というつぎのくだりも、土工の袢纏《はんてん》を、ありきたりな彼らの作業衣とみなしているあいだは、ぼくらは、

じっさいのところ、テキストの文字づらをただ追いかけているにすぎないのである。
読むということは、なんら異とするにたりぬ「村外れ」や「袢纏」ということばのなかに、その表示的な意味内容をこえたなにかを探りあてるということである。「村外れ」は、たんなる村の外ではなく、危険で魅惑的な未知の世界につながっている。土工はその未知の世界からの来訪者であり、神秘的な越境者であり、まさにそれゆえに袢纏という異形の装束をまとうのである。
こういう例をあげていくとさいげんがない。もうひとつだけ例示してみよう。魯迅の『故郷』も、やはり中学校の国語の教材として、しばしばつかわれる作品のひとつである。二十年ぶりに帰省した「私」を訪ねて、幼友だちがやってくる。

——やってきたのは、閏土《るんとう》だった。

テキストには、そう書かれている。しかし、この文章じたいのなかに響いているもうひとつの声をきわけなければならない。

——やってきたのは、閏土ではなかった。

その声はそう語っている。ひとつの文章は、その否定をさりげなく内側に封じこめている。二十年ぶりに再会した閏土は、もはや昔の閏土ではなかったのだ。

ひとつの文章をよみながら、その余白に潜んでいる第二の文章をよび起こすこともまた、解読の楽しさの一つである。読み方の授業は、そうした解読の楽しさを集団的につくりだす営みであるといってもよいだろう。

❷ "社会を読む"とは見えない世界を見ること

ぼくらは、見えるものを媒介にして、見えないものを見る。その媒介たるべき「見えるもの」が国語の場合は文なのだ。すべての符号がそうであるように、文は、みずからを示すものであると同時に、みずからを隠すものでもある。読むという作業は、感覚的に与えられた符号的なるものから(つまりは「書かれたもの」のなかから)、「書かれていないもの」、その符号のなかにあらわされているとともに隠されてもいる、もう一つの言説を、読みとる(herauslesen)作業なのだ。

おなじことが、たぶん、社会認識についてもいえるのではないかと思う。河川工事者が川を見る場合、彼は本来の河床とともに、水量がかわった場合に生ずるであろう虚構の河床を心のなかで見つめている。ここでは、文ではなく、現にある河床や周囲の地形が、〈解読〉されるべき符号となるのである。

こうした川を「読む」力は、しかし、けっして河川工事者だけがもてばよい特殊な能力ではない。ぼくら自身が、それを集団の知恵としてもたぬかぎり、ぼくらは迫りくる危険のもとで、無防備な状態にさらされつづけなければならないだろう。いったん洪水ともなれば激流の通路とならずにはいない「虚構の河床」に、近ごろでは、洋風の建売住宅がうつくしく建ちならんでいたりするのである。

戦後の社会科の経験主義がなぜ否定されなければならないかといえば、それは、社会科が経験を重視したからではなく、その経験をただそれだけのものとしてなぞることに終始したからだと、ぼくは思う。子どもたちは見えるものしか見ることができなかった。見えるものは陳腐で退屈であった。それは、もっと見ようとする欲求が、教える側自身に欠落していたからであった。とうにわかりきっていることを、しつこく教室でくりかえすのが、社会科の勉強であった。その性格は、いまでも変わっていない。

ぼくらが経験する社会事象は、いっけん自明なこととして、われわれのまえにある。それを自明のものとして了解してしまうならば、そこからは認識は、もはやうまれてこない。世界は、どんな謎も、どんな挑戦も、どんな影もふくまぬ、のっぺらぼうな風景となり、だから、ぼくらと世界との関係も、いままでそうであったように、これからもそうでありつづける、惰性的な持続の関係以上のものとなることはけっしてない。そして、そのあいだに危機は進行していくのである。

見えるものの世界だけに目をむけて、それが自分の世界のすべてだと考えているかぎり、たとえば、ぼくらにとって、戦争はアラブや中東のできごとではあっても、日本の問題ではない。平和と戦争は、たがいに無縁なふたつの状態で、ぼくらは日本の平和を謳歌していればそれでよい。

今日の平和が、来るべき破局の巨大さによって担保された危険な均衡の所産であることにも、その均衡の維持を名目として行なわれる果てしない軍拡が、人類の未来をより大きな破局にむけておし流していることにも目をとじて、ぼくらは「日本はホントに平和でありがたい」と泰平の夢をむさぼりつづけることができるのである。

社会を読むということは、平和のなかに戦争を透視するということである。さりげない日常の風景にひそむ、危機の兆候を解読することである。社会を読むということは、だから、社会的諸事象を、自分がそれに応答すべき挑戦としてとらえるということであり、つまりは、それに応答しうる力を高めるということでもある。

それが制度としての社会科教育の目的と一致するものであるとは、ぼくはかならずしも考えていない。制度としての社会科が目的としているのは、人間の馴化《じゅんか》であって、人間の解放ではない。社会科の目的が制度的にどう規定されているかは問題ではない。自分が何をするかが問題なのだ。

❸ 社会を読解する力を育てる

社会科には、いっけん対立するかのようにみえる二つの傾向がある。ひとつは、戦後社会科以来の「這《は》いまわる経験主義」であり、もうひとつは「知識の注入」である。小学校(とくに低学年)ではいままでも前者が、中学や高校では後者が、支配的であるといってよいだろう。

だが、じっさいには、この二つの傾向は、けっして対立するものではない。高学年での知識の注入は、低学年での皮相な生活経験主義をけっして克服するものではなく、ただ、うわぬりするものでしかないのである。地理や歴史の授業でいくら知識をアタマにつめこんでみても、社会を見る目は、ぜんぜん深まってこない。いたずらに知識をたくわえた生徒たちは、彼らの教師たちとおなじように、自分のあたえられた経験のなかに埋没し、社会のなかに生きながら、なおかつ社会にたいして〝見れども見えず〟の状態にとどまりつづけるのである。

社会科は暗記科目ではない、と主張する教師は多い。しかし、彼らがそう主張するのは、もっと確実なやり方で、もっと体系的に、より多くの知識を生徒にあたえたいとのぞんでいるからであって、その知識の伝達がなんのための行為であるかを自問しているからではない。「それを学んでおけば、いつかは役に立つこともあるであろう」という、はなはだ漠然とした期待をもって、いや、それすらもたずに、ただ偏差値の向上と受験のために、生徒という容器を知識でみたしているにすぎない。

知識の機能というものは、制度によって規定されていて、その制度をとりはらうと、知識はまったくの無用の長物になってしまう。教師の教える知識になにほどかの存在理由があたえられるためには、試験制度の存在は不可欠なのだ。

そうして詰めこまれた知識は、たんに無用の長物となるだけではない。それは、学ぶ者の意識をますます受動的なものにして、彼がみずから社会を探究する可能性をうばいとってしまうのである。知識は探究を阻害する。パッケージ化された知識の所有が、社会に対する洞察にとってかわる。こうして、社会科教育は社会の常識的な通念にどっぷりとつかりこんだ社会科教師の似姿《にすがた》を、生徒のなかに再生産しつづけることになるのである。

ぼくらが学び、ぼくらが教える知識は、学校制度や試験制度の枠の外で、なおかつ意味をもちうる知識でなければばならぬはずだ。知識は、それを学ぶ者自身の生において、生きた力として発動するものでなければばならぬはずである。その生きた力を、とりあえず、ぼくは、「社会を読む力」と定義してみたいのである。

社会科がもし、一種の読み方教育であるのだとすれば、問題は社会を解読する力をそだてることであって、それに寄与しない知識の集積が、なんの意味ももちえないことは明瞭だろう。知識は、読む力が発動される結果として、主体が状況のなかでたえず新たに形づくるものであるともいえるだろう。そうして身についた知識は、社会を読む力をさらに強めるものとして逆作用する。

国語の読解力の場合、それをたかめる要素として語彙《ごい》の知識や漢字の知識が必要になるが、だからといって、そうした知識をもっていれば、それだけで読む力がたかまると信じている国語教師はあまりいないだろう。知識は、それじたいでは学力ではなく、問題はその知識を、文を読むという実践のなかで、力としてどう活性化していくかということである。国語の読み方教育には、そういう観点がかなり強烈にあると思う。

おぼえた知識の量がすなわち学力であるといわぬばかりの社会科ではあるが、そういう観点から知識の意味を問いなおすことは、社会科にとっても、いま切実に必要とされていることではないかと思う。

❹ 探究するために、社会を解読し、知識を発見する

国語における読み方の授業は、テキスト(文章)からなにかを読みとる行為そのものとして成立する。しかも、その場合、テキストに書かれていることがらを知識として吸収し、習得することは、さして重要ではない(ここが社会科とはだいぶちがう)。読み方教育の目的はあくまでもテキストを読む力をそだてることにある。だから、『トロッコ』という作品の第一段落の主題はこれこれしかじかで、「村外れ」ということばの意味は云々侃々《うんぬんかんかん》であるといったようなことを、知識として生徒に教えこんでも、それはまったく意味をなさないわけである。国語教師ならば、そのことのバカバカしさは、すぐに納得するはずのものである。

社会科の目的は、国語のそれとちがって、しょせんは「知識の習得」にある、ということがよくいわれるし、それはそれで首肯《しゅこう》できない主張ではない。ぼくらは、いま、恐ろしい世界に生きている。知らねばならぬかずかずの重要な事実が、われわれを囲繞《いにょう》している。しかし、そうであればあるほど、それらの事実は、たんなる知識としてではなく、挑戦として、探究をうながす問いかけとして、提起されなければならないだろう。

教師自身がなにごとか真に語りかけたいことをもたぬかぎり、社会科教育の実践などというものは、そもそも成立するはずがない。どうしてもこのことを話したい、このことをわかってほしいという教師

自身の欲求がまずあって、そこから社会科の授業は出発するのだろうと思う。教師が語りかけたいと思うそうした諸事実は、彼自身が直接的な経験と間接的な研究の結果として得た自分の知識であって、教科書にかかれた知識のたんなる受け売りではないだろう。

しかし、その場合においてすらなお、教師において発見であったものが、生徒にとっては与えられた知識に変質してしまうということが、しばしばおこりうるのだ。学校という制度のなかでは、知識は、教師から生徒へと一方的に伝達される。教師は探究する。しかし、生徒たちは、その教師が探究した結果を、知識として教師から聞かされるだけだ。そういう関係のもとで伝達される知識は、どんなに衝撃的な、どんなに新鮮な知識であっても、生徒にとっては、暗記すべき知識の一項目にすぎないものになってしまう。知識を探究することと、その知識を伝達することとが、べつべつな過程として、たがいにきりはなされてしまうために、前者の探究の過程で新鮮な知識として掬《すく》いとられたはずのものが、後者の伝達の過程では、たちまち「生気のない概念」(inert idea)へと風化してしまうのである。だから、知識の伝承にさいして必要なことは、探究と創造、知的発見のよろこびが、たんに教師のみによってではなく、教師と生徒によって、ともに経験されるということである。教師が社会を解読し、しかるのち、そこで読みとった内容を生徒に講述するのではなく、生徒自身が社会を解読し、知識を発見するということである。そういう意味では、社会科は、やはり本質的に読み方教育なのだ。

自戒としていうのだが、社会科にかかわる人間は、どうしても、「必要な」あれこれの知識を生徒に伝えなければならないという、強迫観念にのめりこんでしまう。そして、そう考えてしまうと、「知らねばならぬ」知識は、果てしなく多いのである。その結果、独善的な知識のおしつけによって、ぼくらは、生徒たちの精神のはたらきを鈍らせ、与えられたできあいの知識の重みによって、彼らがみずからそれを学びとる可能性を封じこめてしまうのだ。

知らねばならぬことは、たしかに多い。しかし、あえていえば、社会科教育にとってもっともたいせつなことは、「必要な」すべてのことを生徒が知ることよりも、彼らの精神が闊達《かったつ》なはたらきを示し、より能動的に事物とかかわる意識のありようが、彼らの内に確立されることではないだろうか。

このことは、むろん、知識の重要性をいささかも否定するものではない。フッサールがいうように、意識は、つねに何ものかについての意識である。知るに値する内容を学習対象としてもつということは、その認識対象のまえで、生徒が自己の意識を能動化していくための不可欠の条件なのだ。だから、問題は、知識か魂の解放かを問うことではなく、生徒が知識とどのような仕方で向かいあうかを問うことなのである。認識対象と認識作用、思念すべき対象と思念する意識のはたらきを切り離して考えるならば、ぼくらは知識の注入と不毛な心理主義に、ふたたび引き裂かれるほかはないだろう。

知識ということばは、よく考えてみると、不思議なことばである。知識ということばは、名詞でありながら、しかも、たんなる名詞ではない。英語の knowledge やフランス語の connaissance ということばにより端的に示されているように、それは意識の指向対象を示す名詞であると同時に、知る営みそのものを含意することばとして、より動詞的な意味あいにおいてつかわれることが多い。ぼくらの社会科教育は、この知識ということばを、たんなる名詞としてではなく、一種の動名詞として行為化することでなければならないだろう。

❺ 物を読む、風景を読む

国語の読み方教育とのアナロジー(類推)で、ぼくは社会科のあり方を考えてきたのだが、それはもちろん、両者の区別を念頭においたうえでのことでなければならない。

国語の読み方教育は「文」を読む力をそだてる教育であり、その対象は、すくなくとも直接的には、「ことば」である。しかし、社会科で解読されるべきものは社会事象そのものである。もちろん、国語の読み方教育にしても、文を読む力をそだてることそれ自体が究極の目標であるわけではないのだから——文を読むということは、「世界を読む」、あるいは「経験を解読する」ためのひとつの手だてにすぎないだろう——二つの教育活動をあまり機械的に区別することはつつしまなければならないが、しかし、社会科の学習がことばよりも具体的な事物そのものから出発するものであることは、社会科の授業のあり方を考えるうえで、踏みはずすことのできない重要な一点だろうと思う。

何年かまえ、ぼくの大学の学生が、ある実習授業で、教室のすぐ横を流れる荒川には目もくれずに、「日本の河川」の特徴を教科書どおりに明瞭簡潔に要約しているのを見てから——それは彼女のイメージしている「よい授業」のありようを、たいへんみごとに示してくれるものであったのだが——ぼくはこのことの重要性をいっそう痛感するようになった。彼女にとって問題なのは教科書にかかれている日本の河川についての一般的な知識や概念であって、生徒たちがそのほとりで暮らしている現実の荒川ではなかったのだ。おそらく、彼女の授業をきいた生徒たちは、彼女自身がそうであったように、日本の川の特徴を暗記することはあっても、そのことをとおして、現実の荒川の見方をふかめることはないだろう。

この場合は、かなり典型的な日本の河川のひとつである荒川が目のまえを流れているから、それにひとことも言及せずにすすめられる川の授業の奇怪さは、それだけいっそうきわだってしまうのだけれども、しかし、よく考えてみると、彼女の授業は、日本の社会科の授業の支配的なパターンを、いささか印象的に異化してみせただけのものなのかもしれない。近郊農村地帯でありながら、自分の地域とは無関係に河内や下総の近郊農業についてかたる地理の授業。郷土にのこる土豪の館の旧跡には一目もくれずに武士の発生を説く歴史の授業。社会科の授業は、じっさい、そういうやり方ですすめられていくことが圧倒的に多いのではないかと思う。

そこには教科書への凭《もた》れかかりがある。いや、もっと限定していえば、教科書の記述への、あるいは「記述されたもの」一般への凭れかかりがあるというべきだろう。そして、そのぶんだけ、「物」を読む、という志向は弱まっていくことになる。社会科の授業への生徒の参加をうながすもっとも重要な条件は、具体的な、そして、生徒自身にとって切実な意味をもつ教材《マテリアルズ》の提示であるはずなのに、じっさいの社会科の授業のなかでは、借りもののことばがしばしば具象性をもった事物にとってかわるのである。

「物」ととりくむことによって、人間の思考は能動的になる。よい教材がうまく見つかれば、社会科の授業の見とおしは、あらかた、ついたも同然である。社会科の授業は、なによりもまず、物を読む授業なのだ。その意味では、社会科の方法は、歴史学よりも、むしろ考古学のそれにちかい。考古学的思考を原始や古代という限定された時代のなかにとじこめてしまうならば、社会科教育の失うものはかぎりなく大きなものとなるだろう。

教科書の記述をベースにして授業をくみたてることをやめて、「物を読む」(あるいは風景を読む)という観点で授業をくむならば、教科書の使いみちもまた、それなりにうまれてくるかもしれない。教科書にもりこまれた諸資料は、授業の展開をうながす有力な手がかりとなることも少なくないだろう。授業者としての立場でみれば、教科書のよしあしは、そこにもりこまれた資料のよしあしで評価されるべきものであって、記述の当否のみに目をうばわれた昨今の教科書論議は、いずれの立場からのものであれ、社会科の授業実践にそくした議論とはいえないだろう。

❻ 教える者と教えられる者の共同作業をつくる

ブラジルの教育思想家にパウロ・フレイレという人がいる。彼の初期の著作である『伝達か対話か』(原題は Extensión o comunicación? 亜紀書房刊)という本を、ぼくは先ごろ友人たちと協力して訳しおわったばかりなのだけれども、彼はこの本のなかで、教育する者から教育される者に対しておこなわれる一方的な知識の伝達が、必然的に支配と従属の関係をよびよせ、凝りかためるものであることを指摘しながら、対話にもとづく相互主体的なコミュニケーションこそが、人間の解放につながる教育のありかたであることを、くりかえし強調しているのである。

しかし、いうまでもなく、対話というものは、無媒介に成立するものではない。対話はなにかある具体的な対象を媒介にして展開するものである。授業にそくしていえば、その媒介となるのが教材であるということになるだろう。ゆたかな思考を触発することのできるすぐれた教材は、対話的な関係をつくりだすための不可欠の要素であるといわなければならない。

それゆえに、フレイレは、まず第一に、教材たるべき掛け図やスライドの作製に全力をかたむける。それは、学習者自身がおかれている現実の状況を鋭角的に表現し、人びとがそれについて語りあうことによって、彼ら自身の現実を、より深く、より構造的にとらえることができるようになるためのものでなければならない。人びとは、自分たちがそのなかで生きている現実（たとえば、スラムや旱魃《かんばつ》にさらされた農村の現実）と批判的に向かいあい、それに問いかけ、それまでは気づくことのなかった現実の諸関係を意識的にとらえかえしながら、どうしたら、その現実を変革することができるかを、おたがいの対話をとおして探究していくのである。

その探究は教える者と教えられる者の共同の作業であり、その共同の作業のなかで、水平的で対話的な関係が、権威的で一方的な教えこみの関係にとってかわるのである。フレイレは、こうした具象的な教材をめぐる学習者たちの討論を descodificación（符号《コード》の解読）とよんでいる。彼らの学習活動は、現実を表象する諸教材《コード》の〈解読〉の過程として、組織されているのである。

掛け図やスライドにえがかれた現実は、もちろん、学習者にとって身近なものであるのだけれども、それが掛け図なり、スライドなりのうえに映しだされることによって、現実は異化され、学習者になげかけられたひとつの謎となるのである。あたえられた現実のなかに生きるだけでは、人間の意識は能動化しない。距離をおいて現実を見つめ、その対象化された現実とかかわることによって、人間はみずからの意識を能動化するのである。鋭角的な現実の表示は、そのような距離を、人間と環境のあいだに設定することによって、環境を〈問題〉化し、この問題にたいする人びとの批判的なとりくみをうながすのである。

フレイレの仕事は、ぼくらの社会科教育にたいしても、大きな示唆をなげかけていると思う。彼がおこなっている教材づくりを、たとえば、こんなかたちでまねてみるとしよう。

〝八百屋の店頭スナップ。おじさんがスイカを売っている。買いもの袋をぶらさげた外套《がいとう》の客たち。〟

これだけで、生徒たちの活発な議論をよびおこすには十分であろう。生徒たちは、〈季節をうしなった〉身のまわりの青果商品のかずかずを思いうかべながら、資源浪費国・日本の産業と経済の構造にせまることができるだろう。

対話というものは、複数の人間がおたがいの顔を見つめあうことによってうまれてくるものではない。そうではなく、対話は、おなじ対象に目をそそぐ人間たちが、その対象へのはたらきかけをとおして形づくる共働関係にほかならない。事物にたいする諸個人のいきいきとした好奇心の発動は、人びとの対話を活性化し、自由で相互主体的な関係を彼らのあいだに形づくらずにはいない。教える者と教えられる者の一方的な伝達の関係は、骸《むくろ》と化した知の、ことば主義的な伝承にこそふさわしい。

❼ 死んだ知識の注入は、感覚や思考力を麻痺させる

こうした主張にたいしては、いつも、おなじ反論がむしかえされる。「たいへんけっこうな理想論ではあるけれども、いかんせん〝時間がない〟」という反論である。「講述式の授業ですら、教科書の内容をすべて教えきることは困難なのに、まして、そのように時間のかかるやり方をしていたのでは、必要な知識を生徒に習得させることは、とうてい不可能である」という議論である。それは制度のありかたと密着した、そのかぎりで、たいへん〈現実的な〉実感でもあるだろう。

じっさいには時間がないわけではない。時間はある。その時間をどう生きるかという選択のちがいがあるにすぎないのである。むしろ、自分で活かすことのできない時間があまりに多すぎるから、教科書や指導書の指示にもとづいて、時間をうめているというのが、ほんとうのところではないかと思う。「必要な知識」なるものは、そのための隠れ蓑《みの》としてつかわれているにすぎない。

〈能率的に〉教科書の内容を生徒のあたまに移し入れている(つもりでいる)教師たちは、だが、そのことによって、生徒の精神を受動化し、知識をみずからのものとしてつかみとる力を、彼らから奪いとっているのである。知ることの楽しさを——つまり物事のなかに深くはいりこむことの楽しさを知らない生徒たちは、当然のことながら、教科書にかかれた知識をもふくめたすべての知識に、内発的な関心や

興味をうしなっていくのである。そうした「教育」に時間をかければかけるほど、それは、生徒の感覚や思考力をいっそう麻痺《まひ》させるものとなるだろう。

パウロ・フレイレは、さきに引用した著書のなかで、こんなふうにいっている。

人間的な見方をするならば、人間が〈物化〉された状態ですごす時間の方が、むしろ失われた時間なのである。いっけん有益な時間のような錯覚をおこさせるけれども、たんなる言葉主義的なまくしたてによって消費される時間は、ほんとうは時間の浪費なのである。

対話にもとづく知の探究を「時間の浪費」と考える教師たちは、学習者を人間的主体性を欠いた物と化することによって、知識そのものをも死物と化しているのである。どんなにすぐれた知識でも、人間が人間であることをやめるような仕方でそれが習得されているかぎり、それは、精神をいっそう無力化する重圧となることはあっても、たえず事物に問いかける活発な精神をはぐくむ力とはなりえないだろう。その意味では、いっけん能率的な知識の注入は、かえって時間を無駄につかいすてているのである。ぼくらが〈時間を節約〉し、手ぎわよく、教科書のすべての知識を生徒たちに伝達したとしよう。生徒たちの社会を読む力が、それでいささかなりとも、高められるというのであろうか。回答は教師自身が、だれよりもよく知っている。いや、それは、教師自身のすがたにおいて、すでに示されている。

最後にアーノルド・ウエスカーのエッセーの一節を引用して結びとしたい。彼がここでつかっている「芸術」ということばを「教育」とよみかえても、ウエスカーの主張を不当に拡大することにはならないだろうと思う。

資本主義社会は諸君を無感覚な麻痺状態にしておくことができれば大喜びであることは諸君もご存じでしょう。われわれがぼんやりしていれば、われわれは静かで無害な大衆です。しかしいったんわれわれが動き出し、われわれの精神が生き生きしだせば、われわれは自分たちが生きている世界について問いを発しはじめます——そして芸術はそういうことを果すのです——芸術はわれわれが生きている世界をわれわれに見させ、自分自身や自分の生き方について問いを発することを教えるのです。芸術は、われわれを混乱させせおどかし、われわれを制限しているあのいまわしい壁全体をぶちこわすための手段であると私は信じます。そしてそれらの壁が倒れる時、われわれは真の人間になれるのです。

（『演劇——なぜ？』柴田・中野里訳　晶文社）

2

他者とともに世界をつくる

問題提起・文学教育における対話と相互創造(注)

ここにお集まりのみなさんがた、かりに百人いらっしゃるとしますと、そのなかのたぶん九十七〜九十八人のかたがたは、わたしが今日はじめてお目にかかるかたがたであります。そういうかたがたをまえにして、わたしは何をお話しできるのか。論題が対話にかかわるとなればいっそうのこと、たとえ当て推量にすぎないものではあっても、みなさんがたについての、その関心のありようについての、わたしなりの大まかなイメージを仮説的につくっておくことが必要になります。

いまさら言うまでもないことですが、ここにお集まりのみなさまは、文学のみならず、文学教育に大なり小なり関心をおもちのかたがたであり、そのなかのかなりはげんに小・中・高の学校現場で国語教育の実践にたずさわっていらっしゃる先生であろうかと思われます。しかし、その文学教育にたいする関心のありよう、アプローチの仕方には、特徴といいましょうか、悪くいえば、かなりクセがあると思うのです。

一口で言えば、文学教育をささえてきた人文主義的な信仰、すなわち、すぐれた文学作品にふれれば、読み手のなかの人間性が開発されるというオプティミスティック(楽観的)な文化財信仰ですね、それにたいして、日文協(日本文学協会)の実践家たちは、がいして、きわめて懐疑的であるように思われます。ヨーロッパでも、そして日本でも、制度としての文学はつねに強度に「教育的」でありました。文学に接することによって、人間は真に人間になる、というわけです。人びとの言語と趣味がそれにむかって純化され、あるいは陶冶されるべきカノン(範典)として文学作品をとらえる、このような文学観・文学教育観は、わたしたちの社会でも依然として強力です。その場合は当然、文化遺産の伝承ということに文学教育の力点がおかれることになります。わたしの理解するところでは、そうした人文主義的な文学教育観にたいして、みなさまがたはきわめて否定的であります。

それは、たとえば、須貝千里氏の『対話をひらく文学教育』のなかのつぎのような文章に簡明に示されています。

> 授業成立の探究の出発点は、教材の側の検討におくのではなく、生徒の側の検討におかなければならない。その中で教材の問題が出てくる。
> 生徒の何を検討するのか。文章である。文章の何を。文体である。

読み手の状況を出発点にして、そこから逆になにを、どう読むかを考えていくという、こうしたアプローチは、授業という、生徒とのすぐれて直接的な交渉の場で作品を読む文学の授業のきわめて日常的な要請のなかから生まれたものでありましょうが、それは最近の「読者反応批評」「受容理論」などが提起している「読者にとって作品とは何か」という問いを、若者たちの読みの現場にそくして具体的に追究していく作業でもあるわけで、テキストと読みの理論（つまりは文学理論）を深めるうえでも、とても重要な仕事だと思うのです。

教材を読むこと、国語教育でいう「読解」と、生徒が自分で文章を書くこと、テキストを書くことが、不可分のこととしてあるという点にも、わたしは注目したいと思います。生徒の「書く」という行為を出発点において、それと拮抗するかたちで「読み」という行為を成立させていく、という方法論が、前記の須貝さんの文章のなかには暗黙の前提として畳み込まれているわけです。

そうしたみなさんがたのお仕事をとおして、わたしが学んだこと、あるいは、それに触発されて考えたことを整理してみたのが以下のレジュメです。それにそって話を進めさせていただきます。

❶ 遊びとしての文学は、〝対話〟をひらく

ことばの貧しさ、とりわけ若者や子どもたちのことばの貧しさが指摘されています。しかし、それを、たとえば、語彙の学習や話し方の訓練によって克服することのできる狭義の言語教育の問題として考えるだけでよいのでしょうか。貧しいのはことばだけではありません。生きたことばの発生の場である人間関係が貧しいのです。

ことばは人間と人間の「あいだ」で形成されます。語りかける相手との関係がつねに皮相なものであ

れば、ことばがうすっぺらになるのは当然でしょう。権威主義的な関係のもとでは、そこに組み込まれた人間のことばはおのずと硬直化します。豊かなことばが他者との豊かな関係性を経験することによって育まれるものであるとするならば、重要なのはその関係性であるということになるでしょう。

そうした人間と人間の交わりの場をつくる作業に、文学教育はどうかかわるのか。それが提起されている問いである、と思われます。対話をひらく文学教育とは何か。

関係をつくる、というときに、とくに重要になるのが遊びです。

遊びは、相互に関係をつくりだそうとする人間のもっとも原初的な行為ですが、多くの他の芸術と同様に、文学もまた、根源的には一つの遊びである、ということを、わたしはあらためて強調したいと思うのです。実際、対話をひらく文学教育ということを考えるときに、この文学の遊戯性を再認識・再評価することはきわめて重要です。

内田伸子氏は『子どもの文章』(東大出版会)という近著のなかで、「物語る」「書く」という行為を「世界づくり」の過程としてとらえたうえで、初期の幼児においては、この世界づくりの活動がまずは「遊び」というかたちで発現することを指摘しています。

いいかえれば、過去の経験を想像力によって変成しつつ、自分なりにある一つの天地をつくりだしていく広義の「遊び」の一形態として、「物語る」という行為が成立する、ということです。

子どもが、棒に馬乗りになって、馬上の騎士に変身する。女の子が人形をもって遊びながら、自分を母親と考える。遊びのなかで、子どもが山賊になったり、兵士になったりする。幼い子どもたちのそうした遊びのなかに、正真正銘の創造過程が発現している、と、ヴィゴツキーは『子どもの想像力と創造』のなかで指摘しています。

子どもは、かれらがこれまでに見たもの、体験したことを、遊びのなかで模倣し再現します。「それにもかかわらず」と、ヴィゴツキーはいいます。「その児童の以前の経験の諸要素はそれらが現実にあらわれていたとまったく同じようには遊びのなかに再現されてはいないのである」と。

「児童の遊びは体験したことの単なる追憶ではなく、体験した印象の創造的な改作であり、またそれらを複合させ、そのなかから新しい現実を作りあげ、児童自身の要求と興味に応じたものなのである」

もうひとつ、遊びには相手が必要です。ひとりで世界をつくり、ひとりでそこに遊ぶという孤独な「遊び」の形態がありえないわけではありませんが、相手がいて、その相手とのやりとりのなかでイメージの世界をつくりだしていくことに、遊びの本来の面目があるといえましょう。そして、そういう虚構の世界をつくる遊び、そのひとつの発展形態が文学的創造であるということになりましょう。

連歌、連句のような文学形式の場合は相互のやりとりのなかで虚構の世界をつくる共同的な遊びとしての性格がきわめて明瞭です。

そういう意味での遊びから、近代の文学はずいぶん大きく遠ざかってしまっているけれども、対話をひらく、というときに、文学の遊戯性をもっと大事に考えていくことが必要になるのではないでしょうか。

❷ ことばで世界をつくるということ

文学教育のなかで対話を追求する。それは、もっとも反＝対話的な二つの制度の重なりあった実践の場で、対話を追求するということでもあります。

「教育は一方的語りかけという病に陥っている」と述べたのはブラジルの教育思想家パウロ・フレイレでした。教師は一定の文化内容を生徒たちに伝え、生徒は与えられたそれらの知識によってみずからを満たす。教師のことばはそこでは多かれ少なかれモノローグ的になります。教師が独演し、生徒のほうは辛抱強くそれに耳をかたむける。それが、わがうるわしき教室風景であるわけですが、フレイレは、それを「病」と断ずるのです。

一方的な語りかけという病におちいっているのは、教育ばかりではありません。文学もまったく同様です。すべての意味と価値は特権的な話者によって統括され、その対極に、話者の声に虚心に耳をかたむける受動的な読者が予定されている。そこでは「あらゆる思想の創造は(作家という)一意識、一精神のありうべき表現として、思索され、把握される」(バフチン)。学校が「生徒」という受け身の存在をつくりだすように、文学は「読者」という受け身の存在をつくりだします。

文学教育のなかで対話を追求するということは、教育と文学のこの支配的な交通形態から、その実践の内実をずらしていくということであるはずです。

「一方的な語りかけ」という病に陥っているとはいうものの、「教室」には、とにもかくにも生徒たちがいて、かれらとの相互的なかかわり合いを抜きにしては、授業というものは成立しない、という差し迫った事情が、文学教育の場合にはあるわけです。一方的に語りかけても、お客さんのほうは「辛抱強く」耳などかたむけてくれませんから、相手の反応をどうしても無視することはできない。とにもかくにも生徒が目のまえにいて、その相手とのかかわりのなかでしか、文学も教育も成立しないということが、対話への志向を必然的なものにしているわけです。


文学教育における「対話」というときに、その対話にはいくつかレベルがあるといえましょう。

まず、作品と読者との対話。

そして、読者相互の対話。

文学教育の実践が文学にもたらしたもっとも大きな寄与の一つは、相互創造の営みとしての読書に道をひらいたということでした。

読むということは作家の心象を読者が忠実に再生し追体験することではありません。あるテキストを「読む」ということは、そのテキストを媒介にして、読み手が、もうひとつの、かれ自身のテキストを心のなかに「書く」ということをふくんでいます。つまり読んだテキストについての解釈や批評、あるいは連想を、読み手は自分の心のなかに書きこんでいくわけです。

文学の授業では、読解のための、あるいは解釈のためのディスカッションをとおして、生徒たちのそうした「テキスト」が浮上してきます。「読む」という行為がじつはきわめて能動的な行為であることを、かれらは、そうした相互対話をとおして体験します。

作品と読者の対話と、読者相互の対話とが、たがいに媒介しあうことによって、「読む」行為が、たんなる享受をこえた、一つの創造行為に転化します。

マスコミの一方通行なメッセージが小集団レベルで受けとめられ、そこで熟成されたり変容されたりすることは、社会学者たちによって早くから注目されてきた事実ですが、文学の授業もまた、かれらのいうコミュニケーションの二段の流れをかたちづくるものといえましょう。作品はたんに受容され消化されるだけではなく、対面的なコミュニケーションの場をくぐることによって、あらたに再＝創造されるのです。

すべての読者は、かれ自身が潜在的に物語の語り手であり、テキストを生みだす主体です。テキストが、読者の状況認識のプロセスに組み込まれ、あらたなテキストの産出をうながす力になるときに、読むという行為は、書き手と読み手の相互創造の営みとなります。文学教育はそのプロセスを現実化する実践としてあるといってよいでしょう。

まえにも言いましたように、書くことは、「ことばで世界をつくる」行為の一つです。

パースペクティヴ(透視図)を設定したり、状況を切りとるということをもふくめて、それらを「世界をつくる」ということばで表現しておきたいと思うのです。

スーダンの南部にすむヌーア人は、人類学者のイヴァンス・プリチャードによれば、「つくる」という行為を識別する二つの語彙をもつのだそうです。

ひとつは、すでに存在しているものを加工し、変成して、なにかの製品をつくる行為を示すtath(タス)。鉄から槍をつくったり、粘土から土器をつくるときには、このタスということばがつかわれます。もうひとつはcak(ジャク)で、これはcreation ex nihilo——要するに虚無のなかから、ただことばと想像力によってコスモスを創造する一なる神の行為を意味しています。日本語の「創造」にやや近いことばです。

創造は本来的には神の行為ですけれども、しかし、詩人が詩をつくる、などというときには、cakということばがつかわれています。

人間は創造をおこなうことによって、神の似姿になる、とヌーア人たちはかんがえます。唯一絶対の神ではなく、無数の神々が、ことばによって世界を創造するのです。

しかし、その創造は、ヌーア人たちがいうような「虚無からの創造」なのでしょうか。ものを「作る」ことと、世界を「創る」こととは、聖俗二つの次元に属する、まったく異質な行為なのでしょうか。天地の創造もまた、経験という素材を加工・熟成し、すでに存在している現実を変成する一つの制作行為なのではないでしょうか。

❸ 対話的創造こそが求められている

対話のもうひとつのレベルとして、どうしても挙げておかなければならぬのは、自己内対話です。自分のなかに、自分を対象化するもうひとりの他者がいて、書くということは、その他者の視点なり、ことばなりに自分をさらすということでもあるわけですね。

自分のパースペクティヴが相対化されている、書き手の視座が脱中心化されている、つまり、ひとりの書き手のテキスト自体が対話的・多声的に構成されている、そういう文体をどのようにして生みだすかという、たいへん大きな課題が対話とかかわって、ひとつあるわけです。

須貝千里氏の『〈対話〉をひらく文学教育』や雑誌『日本文学』のいくつかの論文の印象をもとにしていえば、日文協で主要に問題にされている対話はむしろこの自己内対話であるようです。

ところが、ぼく自身が対話ということばでまず考えるのは外的な対話です。重点のおきどころが明らかに違っています。

自己内対話は、一人の主体の内部で展開する対話ですが、対話はほんらい対他の地平で成立するものでありましょう。他人のからだに向かって問いかけ、挑発し、応答する行為として成立するものでありましょう。

どちらの対話を第一義的に重視するかによって、自己内対話ということのイメージも多少ちがってくるようです。外的な対話に力点をおくと、作者の自己対象化の鋭さやきびしさよりも、むしろ多角的な視点や多声的な声の交差による複合的なイメージの構築ということに、自己内対話としての文章表現の重点がおかれることになるでしょう。

そして対話の、他人との相互作用そのものを楽しむ「遊び」としての側面がクローズ・アップされます。わたしがことさらに「遊び」だの、「世界づくり」だのと喚きたてる理由の一半はどうも、そこにあるようです。対話のそういう面について、みなさまがたはどのようにお考えになっていらっしゃるのか、そんなことを今日はおききできるとうれしいです。

もっとも、外的な対話、自分の内部に迫ることのけっしてない「外的な」対話に、もう、うんざりと言いたくなるような気分が、ぼくらのなかにも、若い人びとのなかにも強烈にあるように思います。外的な対話がないわけではない。ありすぎるのです。

おしゃべりをしながら山道をあるいていると、めずらしい草花も目にはいりません。鳥の声もきこえません。外部の世界にむかって自分の感覚をひらくことが逆にできなくなってしまうのです。ですから、過剰な「対話」からむしろ退いて、自己や事物との対話に気持ちを集中しないと、他者との対話も深まらないということがあるのかもしれません。「書く」という作業が、そういう点で大きな意味をもってきます。

結局、どんな対話であるかということが重要になってきます。なによりも重要なことは「創造する」

という志向性がそこに貫かれていることでしょう。

ことばによって世界をつくる、ということは、他者とともに世界をつくる、ということです。書くという行為も、読むという行為も、どちらも、もともと個人の密室のなかの行為として成立するものですから、文学という形式での天地の創造はひとりの主体のモノローグ的な営為となりがちです。創造のすべての過程をひとりの主体がとりしきる、というかたちで、自己完結的にひとつの作品世界が形成されるわけです。

それが近代社会の一つの特質ではあるのでしょうが、他者とともになにかをつくるという共同創造の経験は、われわれにおいては、きわめて乏しいものになってしまっています。複数の主体のイメージや思想が相互に呼応しあって、思いもかけぬ新しいイメージや思想が浮上し、展開するといった対話的創造のダイナミックスは、それを意識的にもりたてようとしないかぎりは、われわれにおいては成立しがたいものになっています。そういうものとしての対話を追求することが、文学教育だけではなく、いま、教育実践総体の課題となっているのではないでしょうか。

【注】 日本文学協会・第四十五回大会シンポジウム「いま・こども・文学教育」(一九九一年十月、北海道大学にて)、『日本文学』一九九一年二月号所収。

【付記】

討論（1）

司会（鈴木醇爾）　では、始めます。いま、手元に四人のかたからご質問をいただいております。これらについてお答えいただき、また、さきほど言いたりなかったことを補足していただき、さらに、ほかのお二人のかたに言いたいことがあれば言っていただくということで、まず、お三かたに五分ぐらいずつお話しいただいて、さらに討論にはいっていきたいと思います。

まずはご質問、加藤富一さんから里見さんに「『遊びから近代文学は遠ざかって』とプリントにあるけれども、夏目漱石の『猫』とか遠藤周作の『狐狸庵』とかは遊びそのもののように思われる。これらの評価は？」とのご質問です。また、蓼沼さんに「生徒と教師の共犯という表現に共感した。生徒の感動を商品化し、あるいは消費してしまってはならないけれど、その方途はどこにあるのか」というご質問です。(2)　小林隆二さんから感想で「私は、五十九歳の男性です。最近の会話の表現を気にしないではいられないことがしょっちゅうですが、テレビでも地下鉄内でも銀行でもそれは多い。『何々だから』と話し手のほうから肯定することを求められ、返事のかわりに『うん、うん』と言っている。異常な会話の表現だ、どうなんでしょうか。自動販売機の逆襲でしょうか」ということです。自動販売機の逆襲とありますから、これは蓼沼さんにお願いします。(3)　それから、難波喜造さんから「人間の成長、変化ということは自分Aと他者の介入により変化した自分Bとの内的相互介入、すなわち内的対話によって成り立っていないでしょうか。対他の地平における対話は内的対話によって完結するということではないでしょうか」というご質問です。日文協のは内的対話で、自分のやっているのは外的対話だと、さきほど仕分けられた節があるのですが、その両者を結びつける観点を用意されて、そうじゃないのかと聞いておられるのだと思います。

それから、松本さんに匿名の社会人のかたから、「六人の生徒の作文は実名で発表されたのですか」とのことです。ご返事をいただきたいと思います。以上ですが、では、松本さんからお話しください。

松本議生　今日、資料に使っている名前は実名です。それについて特別に考えているわけではなく、さきほど少し申し上げましたように、一年生の必修の授業のなかの作文、それから二年間続けていますが、四十八ぐらいの「現代文」の選択クラスで書かれた作品、それを小説と私は言いましたが、作者はいずれも実名です。

蓼沼正美　最初のご質問ですが、生徒の感動を商品化しない、あるいは消費しない方法はどこにあるのかというご質問ですが、これはきわめてむずかしいことだと思うんです。ぼく自身がきちんと説明できる方法があればいいんでしょうけれども、具体的にはなにも持っていないのが現状です。ただ、さきほども申しましたように、「想像力」ですとか「感受性」あるいは「感動」とかいったものが文学教育の軸になっている、そういう文学教育の設定自体にまず疑問があるわけです。今回のテーマのなかにも「こども」あるいは「文学教育」というものがはいっているわけですが、そういう設定そのものが学校というなかから「生徒」でなく、「こども」というコンセプトを前提としてしまう。学校のなかの問題は、やはり「生徒」なんじゃないだろうか。つまりそこに、「こども」というものは内在的に「純粋」なものであるとか、「想像力」あるいは豊かな「感性」とかがあるということが前提となって、「こども」という設定がなされるんだと思うんです。

仮に「想像力」ということを考えてみますときにも、けっして内在的にあるものじゃなくて、むしろ外側から引っ張りだされてくる、そういうものだと思います。その点で、「国語」教育のなかでどういうものが必要かというと、やはり教材をどう選ぶか、あるいは教材研究をどうしていくか、最終的にはそこに行き着くと思うんです。その方向を「想像力」「感性」、あるいは近代文学のタームで言いますと、「自我」ですとか「自意識」ですとか、そういうものじゃなくて、表現がどうしてそうなってくるのか、表現の質の問題としてつねに向き合っていかなければいけない、「国語」の側から文学研究の側にむしろテーマを投げ返すような、そういうことが必要なんだと。ちょっと抽象的になってしまいましたが。

それから、「ことばがひじょうに気になる、自動販売機の逆襲でしょうか」という感想なんですけれども、確かにひじょうに気になります。気になるのは日本の美しいことばが失われるということもあるんですが、むしろきわめて規範的な言い方しかできない、あるいはしなくなっている。それで自動販売機の話をしたわけです。そしてそれが、そういう社会の総体のなかから出てきているんだろうと。それを「国語」の内部で解決しようとすると、「国語」そのものがある一定の方向をもってしまう。ぼくは「正解到達主義」というのはひじょうに広く問題にしていかなければならないものだと思うんです。ですから、「国語」とか学校とかの内部で先生がたがんばって解決できる、そういうことで教師の側がホッとしてしまうと、ほんとうの解決になっていかないいんじゃないかという気がします。ちょっとお答えになっているかどうかはわからないんですが、以上です。

里見実 ご質問いただいて初めてはっきりしてきたのですが、ぼくが遊戯性というときには作品だけを問題にしているわけではないのです。

作品には、かならずつくられた過程があります。それから、その作品が受容されていく過程があると思うんです。その全体を問題にしているんです。そのトータルな過程が「遊び」としてあるという意味で、ぼくは文学の遊戯性ということをいっているわけです。共同でイメージを創造し展開することによって、参加者が相互に関係性をかたちづくるという意味での遊戯性ですね。それから近代文学は決定的に遠ざかってしまっているということです。

ジャンニ・ロダーリは晩年のある講演のなかで、子どもにとっては文学作品というものはそれを糸口にして自分たちの想像をくりひろげるための一種の玩具のようなものだといいきっているのですが、たしかに作品を自己完結的なものとして考えると、文学教育というものはひじょうに息苦しいものになっていきます。文学を遊びとして成立させるためには、作家による作品の創造のプロセスそれ自体が本質的にひらかれたものであることが必要でしょうし、受容するという行為もまた、構成的・創造的なものでなければならないでしょう。

文学だけではありません。ブラジルの演出家のアウグスト・ボアールがいっているのですが、プロの劇団のお芝居を見た観客がそのお芝居にすっかり圧倒されて、自分たちの芝居をつくるのをやめてしまうようならば、それは結局、民衆から自力で創造する力と意志をうばう一種の文化支配になっていくわけです。そのお芝居を見た人びとが、それに刺激されて自分自身のお芝居をつくるようにならなければならないわけです。作品は消費される完成品ではなく、観衆によるあらたな創造を誘発するひとつの動的な契機でなければならない、というのです。文学的テキストについても、おなじことが言えるのではないでしょうか。テキストを読んだひとが、そのテキストに刺激されて自分のテキストをつくるというようになると、ひじょうに面白いわけですね。

それから自己内対話と自己外対話のこと、これは質問されたかたのおっしゃるとおりだと思います。

外言が心内化して内言となるように、外的対話が内面化して自己内対話がうまれてくるということですね。発生論的にはそういうことになると思います。この内的対話が成熟するということが、すなわち、ひとが知的に成熟するということの内実なのでしょうね。

自己内対話を小説の文体と関連づけて論じたのは、ロシアの言語学者のバフチンです。たとえば、『ドストエフスキー論』。バフチンはドストエフスキーの小説のポリフォニックな文体に注目します。ドストエフスキーの散文テキストにおいて作品世界を構成するのは、単一で全一的な作者の声ではなく、作者の声や意識とはついに融合することのない作中人物たちの、文体的にもそれぞれに個性化された多様な声と諸意識の対話であると、そうバフチンはいっているわけです。小説の主人公は、もはや作者の声を代弁するスピーカーなどではありえない。主人公は作者から独立した一人の他者として、かれ自身の語りを語るわけですし、その主人公の発話もまた、他の諸意識との不断の相互作用のなかで相対化されていくわけです。ひとりの作家によって書かれた、形式的にいえばモノローグ的ともいえるテキストのなかにも、対話がある、複数の主体の声の対立があり応酬がある、ということです。

とはいうものの、文を書くという行為は、どうしても宿命的にモノローグ的になりやすいのですね。作中人物がどんなに独立した人格をもつにしても、その作中人物をつくりだすのは、やはり作者なんです。他者はいわばテキストのなかに囲いこまれているわけです。だからこそ、自己内対話を相対化し、ひらいていくモメントとして、外部の他者との対話がきわめて重要になってくると思うのです。

司会　松本さん、実名のことなのですが、生徒の感想をプリントして生徒に配って相互批評しそれでまた書くという流れがあって、生徒同士ずっと実名で流れてきた作業なんでしょ、これ。

松本議生　ええ、教室のなかで上級生には下のクラスで発表するぞということで了解を得ているんですが、教室のなかでは実名です。また、男女に分け、氏名のイニシャルを書くこともあったと思います。それでさきほどご指摘がありましたが、小さいサークルでの研究会ではなく、このような大会、あるいは研究会などで実名を出すということについては、じつはあまり考えてなかったんです。恐らく赤木君の文章にかかわってのご指摘だろうと思いますけれども、彼そのものがすでに出身校となっている一つの学校を批評しようとしているという、その立場に私がどこかで共感をおぼえていて、批評者の一人としての私が実名を出す、出さないということに、あまり頓着していなかったということなんです。

司会　では、ご意見・ご質問などよろしくお願いします。

加藤富一　さっきの里見さんのお話のなかで、お芝居を観たりテキストを読んだりすることによって、観たり読んだりした人がそれに近いものをつくれるようになるということが、「遊び」で遊べるようになるというお話で、わたくしはそういうふうになれたらどれほどありがたいかということを思いつづけて生きてきたんですが、なんと言っても作品はすごいんです。それをなんとかかんとか切り刻むことはできるんです。でも、自分が書けるかということになると、これはもう不可能と思っているんですが、里見さんはもっとがんばらなきゃいかんとおっしゃるのか、どうか。

里見実　松本さんのお話をうかがっていて、ああ、対話的創造というのはこういうことなんだな、と思う点がいっぱいあるんですよ。たとえば、五十嵐君の物語である「ある男の失踪について」を、今度は中林君がかれの友人の視点でパロディ化するわけですね。五十嵐君自身は、おなじ話をアパートの管理人の視点で書きかえる。さらに傑作は酒井君で、話者をゴキブリにして、かれを主人公の蒲団のなかにまで潜り込ませてしまう。地を這う虫の位置に視座を落とすというところが面白いですよね。

こんなふうにして、すでに書かれた作品のヴァリエーションを自分なりにつくってみることは、生徒にとって、そんなにむずかしいことではないでしょう。

古典的な文学作品の解読を目的とする普通の文学の授業のなかにだって、読者による創造という側面はかならずあるはずです。

ただし、いわゆる正解到達主義に陥りますと、作品を祭壇に祭りあげ、その正しい解釈を先生が教えこむということになって、解読の創造的な側面はたしかに抹消されてしまいますが、国語の読解指導で重要なのは、生徒に「正しい」解釈を教えることではなくて、かれら自身の解釈する力を高めることであるわけですから、そこにかならず創造という契機が介在します。

スコールズというアメリカの批評家が『テキストの

力』、邦訳では『テキストの読み方と教え方』という本を書いています。かれはその本のなかで、「読む」ということはテキストのなかのテキストを、「解釈する」ということはテキストについてのテキストを、そして「批評する」ということはテキストに対立するテキストを、つくりだすことだと定義しています。読むこと、解釈すること、批評することは、読み手が所与のテキストを媒介にしてあらたに自分のテキストをつくりだす営為である、ということになります。そういうテキストをつくりだす力を生徒のなかに育てること、それが文学的テキストの教師であるわれわれの役割であるとスコールズはいうんですね。

さきほど、蓼沼さんが指摘されたように、感動を消費するというかたちでの作品の受容がますます支配的になっているわけですが、だから逆に、受容体験をバネにして自分のイメージやテキストをあらたにつくりだす経験が大きな意味をもってくるのではないでしょうか。

司会　いかがでしょうか。ことばが貧弱になっている。そのことばの貧弱さというものは人間関係の貧弱さの現れなんだというふうに里見さんの文章の冒頭に書いてありまして、それを広げていきますと「なになにはですね」とか、ですねぇ的関係しか持てない、そういう単純さ、貧弱さというのをなくすにはどうしたらいいかというのが今日のお話ということなのではないかと勝手に思ったりしています。

ここで、わたしから蓼沼さんに質問させてください。松本さんの実践にどういう感想を持たれましたか。聞かせてください。

蓼沼正美　松本さんの実践報告そのものはひじょうに力強いものだと思いますし、たとえば、『こころ』の授業を行なった報告も拝見させていただきました。ひじょうに感動的な授業で、自分がそういう授業をできるかというふうに言われると、疑問符がついてしまうところがないわけではございません。ただ一方で、さきほどの実名ということとちょっと絡んでくるかな、という気がするのですが、実名を出されたことの背景には、果たしてこういうことがあるかどうかわからないのですが、私が考えるに、その生徒のことをひじょうによくわかっている、性格や生活もふくめて。そして、そのことを前提として表現されたものが松本さんにインパクトを与えているということがあると思うんですね。

これは「国語」教育としての宿命だと思うんですけれども、どういうふうに評価していくのか。そうするとある種のパターンみたいなものができてしまうんですね。ひじょうに過激に生きている生徒がなにかをキッカケにして立ち直って、反省して自分を確立していくという、こういう一つのパターンが「国語」のなかにどうもあるような気がするんです。それは「国語」教育が生活指導までも背負ってしまっていて、そういうところからも、じつはさきほど言いましたような「感動」ということが、「国語」教育のなかで中心化してしまっている。「感動」というのは、逆の言い方をすれば教師が生徒の気持ちをどうわかるか、ということになってしまいかねないような状況がどうもあちこちにあるような気がするんです。たとえば、読書感想文というのがあるわけですが、もちろんひじょうに優れた表現で書く生徒もおります。ただし、一方で大多数の生徒たちは、私の体験から申しますと、ほとんどがワンパターンなんですね。「主人公の生き方に感動した。これから私は主人公のように生きたい」。そして最後におまけみたいに「他の作品も読んでみたい」とか書くわけなんですね。どうしてこういうパターンができてしまうんでしょうか。反省文もそうなんです。私も生徒指導をしていたとき、反省文をよく書かせたことがありますが、たとえば、タバコを吸った生徒に反省文を書かせると、「親にも悪いことをした。先生にも悪いことをした。みんなにも迷惑をかけた。もう二度とこんなことはしない」と言っていながら、またしばらくするとタバコを吸ってしまう。それは自分をほんとうに見つめていないからだというわけですが、表現としては成立しているわけですね。その意味で、表現そのものと本人のことと絡めていってしまうというのは危険じゃないだろうか。そういうことがぼくの頭のなかにつねにあって、今回のようなお話をさせていただいたわけなんです。うまくは言えませんが、松本さんがなさったことが国語の授業として成立してしまうというときに、かなり客観性というか、生徒自身の背景、生活とか性格とかという、そこを除いても、なおかつその表現がこちらにインパクトを与えてくる、そういうものが生みだされてくるような教室であったなら、それはひじょうにすごい実践になってくるなと思います。

松本議生　発表の冒頭で言いましたように、ぼくが一人ひとりの生徒を理解している、捉えているというような関係はとても薄い。そして、だからこそ外の彼らの世界を教室のなかで、表現その他によって照らしださせたいということがぼくのなかにあるわけで、生活指導を背負いこんだうえで、さて、それから文学教育というふうには、ぼくだけでなく一般的にもなりにくいと思います。

大河原忠蔵さんがかつて「退廃と戦う文学教育」という論(『日本文学』一九五五年四月号)のなかで、当時の都会の高校生の実体をさまざまに捉えつつ「植民地化」ということばを使われていましたけれども、いま、ぼくのまえにいる生徒を何々化というようにはとても捉えきれないと思っております。

さっき里見さんが言われたことと少しだけかかわりますけれども、「話者、語り手を変えて」というような示唆を、じつは須貝千里さんから受けたことがあります。そのことと五十嵐君が二作目を書いたということとは無関係ではありません。それから一級下の生徒が書くというのは、ぼくが独自にやったことで、そのなかで中林君という人は学生時代の友人、正確に言えばその男には友人がいないので、この語り手とのあいだに友人関係はないわけですけれども、学生時代ちょっと知っていたという立場から書いています。かれはコンピューターを導入して徹底的にモノ化するということで書き終えているわけですが、この作品について、教室のなかの他の生徒、二年生の生徒がどのように読んだか、ということで、一、二、紹介します。

高崎君が「人間の冷たさがリアルに出ていて怖かった」とこれだけ書いています。また竹中さんという女子は、「コンピューターがおもしろかった。でも、あんまりシビアでこわかった」ということでしょうか。共通しているのは「こわかった」ということでしょうか。阿部君という人は、「作者の思想がはいっていていいと思った。『私』が自分の心の中を冷静に見ているのがいいと思った」。

評価しているのを、いま何人か読んでみたわけなんですが、では、酒井君が中林君のを読んでどう言っているかといいますと、「人間は機械だとでも言いたいのかな」とだけしか書いていないんです。なお、酒井君は「あるアパート管理人の死について」については、「五十嵐君の二作目は作者の思想がつかめない」としか書いていません。逆に、中林君は酒井君のゴキブリの話について、「面白かった。語り手の語りが面白くていいと思う」というふうに評価しています。

他のクラス、一級上のクラスの作品も論じあわせてみたり、おなじ学級のなかで書かれたものを相互に批評しあうということは、もう少しやっていいことかな、と考えているところです。

須貝千里　松本さんのご報告を聞いていて、生徒の文章に、松本さんにとって、それはぼくにとっても同じですけれども、まつわりつく制度化された教師の意識をうつ面があったんだと思います。子どもたちのことばに自分の職業として生きている姿を、その外側から照らしだすものがあったというところに、松本さんの感動があったと思うんです。共感をもって聞かせていただきました。ただ紹介された生徒の文章そのものについては、ただ自己の観念みたいなものによって、怨念は語られているけれども、松本さんのレジュメのことばでいうと、「怒り」にはなっていないというような問題がある。文章のなかに他者がはいり込んでいないという表現に特徴がある。そういう状況を突き破っていくために相互批評をさせたり、続きの話を視点を変えて書かせたりとかということをやられているんだろうなと思うんですけれども、やはりもう一度その一つ一つの文章にかえって、自分の殻のなかに閉じ込められている文章の、あるいは表現の問題を検討していかなければならないんじゃないかなと思うんです。ご意見を聞かせていただけたらと思います。

蓼沼さんのお話についても、共感して聞きました。しかし、蓼沼さんは高専の生徒のまえに立たれているわけで、その瞬間瞬間に蓼沼さんが自己に対するさまざまな反省とか、職員室に帰ってうちしおれて今日もダメだったなあとか、振り返ってみて反省的になることもあるかもしれないけれども、その瞬間瞬間になにかやられている、そこが聞きたい。

それから、里見さんのお話を聞いていていちばん自分のなかで混乱しているのは、「他者」ということばをお使いになっていらっしゃいますが、どういう意味あいで使われているのかということがわかりにくい。自分の外側の他者とか、自己のなかの他者とかいうさっき説明していただいたことはわかるのですが、外側に存在していれば「他者」なのかなどと考えだすと、そうでもないような気もしますし、「他者」ということばが何なのかということ、その目指している「他者とともに」というのは具体的にどういうことなのか、そこのところをもう少しお話しいただければ、ぼくの理解は深まるのでありますが、以上です。

司会 三人、それぞれにお答えいただきましょう。

松本議生 レジュメの最後のところでいま須貝さんが言われたことばを確かに使っていて、「怨念を怒りへ」とレジュメに書くだけならとても簡単なんです。でも、現実には赤木君の現状をかいま見るかぎり、どのような方向に彼の怒りのベクトルを向けていくのか、それはほとんどぼく自身とは直接かかわってきにくい問題でもあるわけです。ただ、資料のなかの三月の新入生登校日に「中学時代を書きなさい」という宿題のなかで書かれているものと、七月、教室の国語の授業のなかで書かれたものと細かく読み比べてみたときに、宿題のなかの最後の「そんな中学時代だった」という表現が、どのように自分にとって重いものであり、その重さから逃れがたいのか、というところまでは、彼は七月には表現しているのではないかと思うんです。では、これからと言われると、最初に言ったとおりとてもむずかしいわけですけれども、「他者」化とか「対象」化とかいうことばを使うとすれば、たとえば、自分の出身学校の先生がたとは何であったのか、その学校というものの構造ばかりでなく、そのような授業を早く進める――ぼくは、渋滞を許さない社会的構造のなかの、渋滞を許さない教育の構造と言いたかったために、レジュメに「渋滞を許さない構造」ということばを使っていますけれども――そういう制度だとか、構造だとかに目を開いていくということが彼のなかにおこることはありうると思います。その具体的な手段・方法はこうだといま思いあたりませんが、酒井君の作品を評価していく方向だとだけ言っておきます。

蓼沼正美　さきほどお話しいただいたように、じゃあ、自分が「国語」の教師として瞬間瞬間の教室でなにを出していくのか、それを考えなければだめだと。それはご指摘いただいたとおりで、じゃあ、瞬間瞬間、つねに制度的なものを打ち破るものを出せているのかというと、そういうことはないのが現状です。情けないことなんですが、そうです。こういうふうにいうと、お答えになるのかどうかわからないんですけど、じつは具体的に「国語」として方法論的なものが自分にはない。いまのところない。ただ私はひじょうに涙もろい教師でして、ふだんから問題児扱いされているような生徒が心を開くというか、なにかのかたちで表現を読んだときに、生徒が自分に対して心を開いてくれるなり、あるいは生徒の気持ちがわかってしまったりするようなときにはついつい涙ぐんでしまう、そんな教師なんですが、ただ逆に具体的な現場のことで言いますと、たとえば、担任を持ったときには生徒とのパーソナルな関係を持ってくるわけですから、ぼくはその場では泣いてもいいかなと思ったりもするんですけど。反対にいま自分で心に思っていることは、「国語」の教室では絶対泣かないぞ、この場では涙を見せないぞ、という意識なんです。結局、それはぼくにとってどういうものかというと、「国語」の教室のなかで涙を見せあってしまう、「感動」しあってしまうということが、自分にとってなにやら疑わしいできごとのような気がしているのです。教室というものを疑ってみる、もう一度疑ってみるべきじゃないでしょうか。そこから出発するべきなんじゃないでしょうか。

ご質問いただいたことに何ひとつ答えられなくて、

ただ、いまの「国語」の教室に対し批判めいたこと、あるいは理屈めいたことを言っているだけだと、たぶん思われてしまうんじゃないかと思うんですけれども、せっかくこういう機会をいただいたんで、ぼくとしてはこの場で、じつは「国語」の教室がいま、そういう状況になっているんだということを認識しあう場として、この日文協のシンポジウムの場があるといいなと、そんなふうに考えております。以上です。(付記……最後の司会のまとめには、強い不満がある。)

里見実　やはり自分の主観と対立し、それを相対化していくもう一つの主観と申しましょうか、そういうものとして考えるわけですね。

たとえば、東南アジアなんかで、ぼくが市場の物売りのおばさんを〈風景〉の一部として眺めているときは、彼女はまだぼくの視線の対象にすぎず、他者ではないのですね。彼女の存在は、ぼくの視野、ぼくのパースペクティヴのなかにハメこまれて客体化されています。彼女を見るぼくの視線、彼女について語るぼくの声が、彼女についてのぼくの心象を統括する唯一絶対の中心になっているわけです。彼女が見られる存在ではなく見る存在となり、逆にぼくが彼女との関係において見られる存在に転化したときに、彼女は、ぼくにとっての他者となるのです。たとえていえば、ぼくが写真を撮ろうとしたら、その相手もこちらにカメラのレンズを向けていた、というような関係ですね。その二つのカメラの両方を視座にして一つの画面を構成するとしたら、どうなるか。コギト的な〈私〉を中心にした遠近法ではすまされないですよね。わたしの主観は脱中心化される。そういう自分の主観を脱中心化する、もう一つの主観を他者というのではないでしょうか。

田中実　いまの里見さんのお話をもう少しうかがえればと思うんですけれども、レジュメのほうに書いていらっしゃいます「自己内対話と対話は本来の対他の地平で成立するものであろう」という文章のところですね。他人のからだに向かって問いかけ、挑発し、応答しようというときの対象を「他者」とお使いになっている。そのときの「他者」の応答と自己内対話というのをどういうふうに分けるかといいますか、境界線をおくかというのが問題だと思うんです。つまり、相手のからだに向かって問いかけ、挑発し、応答する行為っていうのが自分のなかに捉えられていくときに、自己内対話からどういうふうに抜けられるかという、そのへんの問題を……。

それから、さきほど「読む力」ということでテキストに対して正解到達ではなくて、解釈をつくりだす力とおっしゃって共感しておうかがいしました。そのときの問題は、ひとつは正解到達主義というものを日文協はだいたい批判しているわけで、ぼくも賛成ですが、その正解というのをどういうふうに捉えるかということ。それともうひとつは、その正解、つまりテキストに対して、もうひとつのテキストをつくりだす力とか、ずらすとかパロディ化とかいうような行為自体は創造的な行為としてこれからも注目しなければならないとともに、じつは正解主義批判がお題目になっていき、その正解主義批判こそ批判しなければならないと思いますが、そこでぼくらが批判しようとしている正解到達主義というものをどういうふうに考えたらよいのだろうかということをおうかがいします。

里見実　あとのご質問からはいりますと、正解というものをどう考えるか、ということですね。

正解を権威主義的に絶対のものと考えるのは論外ですけれども、だからといって、どんな解釈でもいい、なんてことにはならんですよね。深い解釈と浅い解釈、的確な解釈と見当はずれな解釈というものは歴然とあるわけです。ですから、正解到達主義を批判するということは、解釈における客観性を否定したり、十人十色的な相対主義のなかに閉じこもることではけっしてないはずです。客観性の基準というものは厳然としてあるわけです。書かれたテキストとそのコードというかたちで。

歴史の場合ですと、歴史記述をうらづけるのは、史料にもとづく実証です。歴史において対話的思考が成立するための絶対的な必要条件は、証拠にもとづいて考えるということです。それが杜撰《ずさん》だと、どんな学説を提起しても、他人にたいしてあまり説得性をもたんわけです。仮説を提起することは大事ですが、証拠にもとづいて自説を証明する必要がある。客観性を追求しない発話なんて、モノローグになるほかはないですからね。

テキストを、ことばにそくして厳密に読むことが要求されるという点では、国語や文学教育もまったく同様でしょう。もっとも、それを硬直的に、テキストがもつ一義的な意味にたち帰ることと考えてしまうと、たちまち正解到達主義になってしまうのですが。

それから第一の対話的思考についてのご質問ですね。

よく考えてみますと、自己内対話と自己外対話の境界、これはひじょうに流動的なものですね。〈私〉の主観を絶対的な中心にして一円的に世界をとらえるのではなく、複数の主観・複数の中心が相互に作用しあって、いわばアメーバ的に世界が構成されていく、ということが重要で、それが、あるときは自己内対話の形式をとり、あるときは外的な対話の形式をとる、ということだと思います。そして、その両者は浸透しあう。

演劇のような集団芸術の場合は、他者との交渉のなかで表現をつくるという共同創造のかたちが、比較的はっきりと見えるのですけれども、文字を媒介にしてコミュニケートする文学の場合は、対話する相手が直接、目のまえにいるわけではありません。書くときはみんな下を向いて書くんです。普通、対話するときは、首を上げて相手を見ながら話すわけだけれど、書くときの姿勢はそうではないんですね。下を向いて、自分の観念と向かいあうような格好で書いたり読んだりしているんです。

じゃあ、文学という形式はダイアローグに馴染まないのかというと、かならずしもそういうわけではない。書き手の観念それ自体が多極化すれば、そこに自己内対話がうまれてきます。さっきドストエフスキーの話をもちだしましたけれども、自分のなかで、対立するいくつもの声が対話し抗争する文章は、天才的な作家でなければ書けないという性質のものではないでしょう。諸意識が対話したり、ひとつの意識がもうひとつの意識をくぐることによって屈折する、そういう文章というものは、条件があればだれもが書けるものだと思います。
もっとも、バフチンのドストエフスキー論にそくしていうと、ドストエフスキーの多声的な文体の根底に、バフチンはカーニバルの広場の声の反響をききとっているんですね。広場のなかに交差している多様な声、それがひとりの作家主体の文章のなかに響いている。ポリフォニックな文体と、民衆の広場がいわば対になっている。
そういうふうに考えていくと、「書く」という行為も、演劇とおなじように、やはり場のなかからうまれ、逆に場の再構築にむかって働きかける集団的な営みであることに変わりはないのですね。教室もまた、ひとつの場である、ということを、ぼくは強調したいわけです。

司会　予定の時間をすでに超えておりますので、いまどうしても、というかたはちょっと手を上げていただいて、そのかたで話を留めるということにしたいと思います。

難波喜造　赤木君の文章をめぐって、松本さんにうかがいたいんです。赤木君という人は、和光にはいるまえに書かされた文章では「ぼく」という自称を使っているんですが、和光にはいってから七月に書いた文章では「自分」と言っています。これは、どういうことなのか。これは個人的な感情なんですが、「自分」というのはあんまり好きではないんです。ぼくなんかの若いときの記憶で言えば、軍隊の用語であって、最近もスポーツ選手なんかで「自分」なんて言っているのをときどき耳にしますがね。この人、なぜ「自分」に変わってしまうのでしょうね。自己を対象化するということのそれにかかわるのか、それとも和光学園での自称の使い方にもとづくのか、あるいはもっと狭いサークルとか仲間うちとかいう範囲かもしれませんが。そこらへんにかかわるのか、お聞かせ願いたいし、どうお考えになっているのか。

松本　最初のが「ぼく」ですね。これはごく普通に男子生徒は「ぼく」と言い、女子生徒は「わたし」と言ったりするそれだと思うんですが、「自分」というのはまあ、まだ自己内部をじゅうぶん対象化・他者化できてない自分のことで、学校の内部事情その他の問題では全然ないと思います。また、自分史・自叙伝を書けという授業のなかでの「自分」ではなくて、赤木君自身の問題意識として「自分」ということばが使われているのは、須貝さんも言われたかもしれないけれども、赤木君が残している問題点、課題ではないかと捉えているんですけれども。

司会 それでは、そろそろ終わりにしようと思います。今日のお三かたのお話は、それぞれアクセントを置かれる場所は異にしていながら、やはり他者というものを明確に意識するなかで自己相対化を行なうという、そういう営みをこそ国語教育のもっとも実践的な課題として受け取っておられるかたのお話というふうに、私は感じました。しかし、結局は生徒諸君に表現をさせる、そのことをとおしていわば正解到達主義と違う地平をひらこうとしているというふうにも聞こえました。じゃあ、そういう作文指導なり話の指導なりと別に、読む指導の場合にその正解到達主義をどういうふうにして乗り越えていかれるのか、あるいは教師が自分のイメージを生徒に持たせて生徒を征服していくという形のいわば教室内天皇制をどう打破していくのかという、読みの指導のなかでそれをどう打破していくのかという、そういう展望はまだまだひらけなかったような感じもしました。蓼沼さんがこういう方向に話を進めてくださったような感じはするんですが、全体としては、この方面では話が深まらなかった感じがします。司会をしながら、ここにまた、私どもの抱えているひじょうに困難な問題があるんだなあ、というふうなことを思いました。まとめにはなりませんが、私も一言、感想をつけ加えさせていただいた次第です。かつまた明日の文学の部のテーマは「天皇制と他者」ということで、今日はその他者論をいくぶん先取りしてやってしまったようなところもあり、なんてカッコがいいんだろうとか言って、勝手に自画自賛をしています。どうもありがとうございました。終わります。

【注】

(1) 発題者は蓼沼正美氏(苫小牧工業高等専門学校)、松本議生氏(和光高校)、里見実、司会は鈴木醇爾氏。

(2) 蓼沼氏は数社の国語の指導書を読みくらべ、『羅生門』『こころ』『山月記』『舞姫』などの作品が、そこでどうとり扱われているかを比較検討している。主題はほとんどつねに「自意識」と「エゴイズム」の問題に収斂され、そこに生徒の読みを導くことが授業の目標とされている。教室で読まれる一つ一つの教材が、というよりも、むしろ「国語」の教室そのものが、「エゴイズム」あるいは「自意識」といった問題をとおして自己形成を試みていく〈物語〉の、もしくは物語のパラダイムの、産出装置となっているのではないかと、蓼沼氏は指摘する。

「それはおそらく〈自意識〉や〈エゴイズム〉といった問題が、教師にとっても生徒にとっても「国語」の授業を成立させる、言い換えれば、〈感動〉を生み出していくための、まさにうってつけのテーマだからなのです。こういうことからすると『山月記』だけでなく、『羅生門』や『こころ』、そして『舞姫』は、「国語」の授業を成立させていく最良のテキストだったわけです。逆にいうとそれらのテキストをとおして物語られていく〈自意識〉や〈エゴイズム〉といった問題は、たんに「正解到達主義」というよりも、じつは「国語」の教室において教師と生徒が言わば共犯的に作り上げてしまった、極めて強固なイデオロギー、「国語」という物語のパラダイムなのではないでしょうか」

(3) 蓼沼氏の以下の発言に関連しての質問である。

「最近は特に『国語』嫌いが増えてきている。その理由として一つには、先生の言う答えと自分の出す答えとがどうしても違ってしまうことによる疎外感、言い換えればそれは、今回のテーマの『正解到達主義』的な授業に対する生徒の側からの批判であるわけですが、もう一つには、『国語』は正解が一つではないから嫌いだということがあります。それはまさに生徒たち自身が、『国語』の教室のなかに『正解到達主義』を求めているということにほかならず……」

「たとえば、いま街のなかでは至るところに〈自動販売機〉が立ち並んでいます。子どもたちはそれに百円なりを入れて、自分の好きなジュースを購入する。駅の切符売場で、発券機から自分の行く先の切符を買うのも同じです。それらは自分の好きな、あるいは行く先という意味では主体的なものかもしれませんが、けっして彼らは表現行為の持つ規範性と、それを逸脱してくる〈場〉の論理のなかに身を晒してはいないのです」

「自動販売機の場合、ジュースにしろ切符にしろ確かにおなじ物が手にはいるのですが、そこにはボタンを押すという行為だけがあるのであって、それもまた〈表現〉には違いないのですが、その〈表現〉は、〈場〉に関係なく、きわめてピュアな〈正確〉を導き出す〈選択〉であるわけです。もし目のまえに自動販売機とお店があると、おそらくいまの子どもたちは自動販売機のほうを選ぶでしょう。子どもたちだけではないかもしれません。私をふくめた大人たちもそうすることでしょう」

3

詩の授業とはなにか

授業・「春」を検討する

❶ 授業化へのゆたかな解釈を読みとっていない

宗左近氏の「詩へのぼうとく」(『ひと』一九八八年十二月号)を読んだとき、ぼくはそこで批判の対象になっている向山洋一氏の授業記録(『教育』一九八六年十二月号)はまだ読んでいませんでした。これは安西冬衛の詩「春」を教材にした小学校三年生の授業です。向山氏の授業にたいする宗氏の論評の当否についてはよくわからぬままに、それでも宗氏の作品解釈を、ぼくは興味ぶかく読みました。「春」という詩は、

てふてふが一匹韃靼《だったん》海峡を渡つて行つた。

というわずか一行の短詩です。

こんな詩に子どもが感応できたらすばらしいなという思いとともに、かなり結晶度の高い、しかも、イメージのスケールの大きい詩であるだけに、これを小学校三年生の授業でとりあげるとなれば、教師

の側にそうとうな力量が要求されるであろうことは、ぼくにもよくわかりました。

宗氏の批判にたいしては、向山氏をふくめた「法則化」の何人かの教師たちから、いくつかの反論が提起されているようです。論旨はほぼ共通しています。宗氏の作品解釈はすばらしいけれども、宗氏は授業については何もわかっていない、解釈は書斎の机の上でもできるけれども、それと授業は別なのだと、ぼくはだいたいそんなふうな主張とうけとりました。授業のかなめは発問で、そこが自分たちプロの腕の見せどころだと、「法則化」の教師は考えているようです。

愛知のTさんは、宗氏の文の一節を引用して、こう言っています。「すばらしい解釈だ。どうしたら、〝子どもに〟このような解釈をさせられるか、それが私たち教師の悩みなのだ」。これは重要な指摘です。解釈する主体はあくまでも子どもでなければならぬはずですが、国語の授業では、しばしば教師の解釈を子どもにおしつける結果になりがちで、子ども自身の読む力はあまり深まらないという傾向がかなりあるように思うからです。

しかし、宗氏の解釈についていえば、そこにはひじょうに重要で具体的な発問の手がかり(子どもが作品に取り組んでいくためのそれ)が、具体的なことばにそくして示されています。そうではないでしょうか?

これほど授業化への示唆をゆたかにふくんだ解釈(以下で述べる)を、授業とは無縁な解釈としか見られないのだとするならば、教師の力量とはいったいなんなのでしょう。

「法則化」の教師たちのいう「授業」のイメージがどうもよくわからないので、とりあえず向山氏のさきの授業記録を読んでみました。ついでにビデオ・テープも買い求めました。一見して、あぜんとしました。

❷ アクロバットを演ずるつもりでマンガになった

率直に言いましょう。向山氏は、この作品を、すくなくともこの学年でとりあげるべきではなかったと、ぼくは思います。授業で何を行なうかということと、どんな作品を選ぶかということとは不可分です。単純な事実関係を読みとり、それを図解するということが目的であるのならば、なにも「春」である必要はありません。より平易で、意味論的におもしろい例文はほかにいくらでもあるはずです。「春」のことばとイメージは高度に象徴的です。それに「韃靼」や「てふてふ」というむずかしい文字が使われています。そういう作品を、どうしてこの種の授業であえて使う必要があるのか、まず、そのことがぼくには理解できませんでした。

向山氏の「授業」の趣旨からすると、「春」は極度に不適切な教材であり、逆に作品「春」からすると、「韃靼」も「てふてふ」もすどおりした向山氏の授業なるものは、見るにたえない授業ということになりましょう。いずれにせよ、単純にいって、まず教材研究が不足している、ということです。

『現代教育科学』(一九八九年一月号)のインタビューのなかで、向山氏はつぎのように述べています。

宗氏の論文（の表題）は『詩へのぼうとく』ですが、私は近く『授業へのぼうとく』と題して反論したく思います。宗氏は、私がすでに『教師修業十年』の中で授業したことをあたかも専門家のように教えて下さっているのです。『韃靼』のイメージとか『ちょうちょう』についてです。これは『小学校三年生』の授業なのです。批判するにしては、少し不勉強ではないでしょうか。

勉強すると、こういう授業も批判できなくなるのだとすれば、勉強というものは恐ろしいものです。

作品の核とでもいうべき「韃靼」や「ちょうちょう」のイメージが小学校三年生には理解できないのだとするならば、この詩をとりあげる意味はどこにあるのでしょう。理解できないことがはじめからわかっているテキストを、子どもたちにワイワイガヤガヤと三時間もかけて論じさせたということなのでしょうか。向山氏にとって、そういうものとして「授業」はある、とおっしゃるのでしょうか。だとするならば、宗氏がそれを「詩へのぼうとく」とよぶのは当然です。

ぼくは、詩や授業を聖域のようなものにたとえることには強く反対する散文主義者ですから、「冒《ぼう》瀆《とく》」うんぬんという言い方には賛成しません。しかし、詩であれ授業であれ、相手を嘗《な》めてかかってはいけません。詩を嘗めてかかることによって、授業者は、じつは授業という行為そのものを嘗めてかかる結果になってしまっているのです。

「アクロバットを演ずるつもりでマンガになった」

ビデオをいっしょに見た同僚の一言です。

自分ならばだいじょうぶという自負があって、おそらく向山氏はあえてこの作品を、この学年でとりあげたのであろうと、ぼくは推察します。問題はその自負の中身です。それが作品に迫るという意味での自負であるとするならば、この授業は無残な失敗の授業ということになりましょう。作品のほうを矮《わい》小《しょう》化して教えるということなら、それはそもそも自負ともいえません。そのうえで、意のままに子どもを動かす腕まえを示すショーとして授業があるのだとするならば、子どもはいい面《つら》の皮です。

とはいえ、向山氏のこの授業の実例から、ただちに、小学校三年生では「春」の授業はできないものと即断する必要もないでしょう。向山氏の授業の趣旨からすれば、「春」はたしかに不適切な教材です。作品は向山氏の授業用に矮小化されています。にもかかわらず、その授業のビデオを見ながら、ぼくはもうすこしべつな授業を構成するための手がかりが、そこに暗示されているように思えてなりませんでした。もっとべつな授業観をもつ教師が、もうすこし正攻法で作品にとりくめば、低学年であればこそ、より繊細でもあるかれらの感受性に依拠して、子どもたちはこの作品を読みぬくにちがいない。そんな気がしてならないのでした。向山氏の授業記録のなかから、その手がかりをいくつか拾いだしてみましょう。

❸ 子どもが詩を読む糸口が断ち切られる

重要な手がかりは、やはり「てふてふ」です。

教室の黒板に書かれている文字は、どこからどう見ても、やはり「てふてふ」です。

「『ちょうちょう』と読んでもらいます」

そう、先生はいうのですが、「てふてふ」という文字と、子どもの知っている「ちょうちょ」が、かれらの頭のなかでうまくつながらないのは当然です。

「ちょうちょう」と読めといわれているにもかかわらず、ついつい、「テフテフ」と読んでしまう子どももいます。すかさず先生が注意をあたえるので、つぎの生徒からはまちがえずに読むのですが、そのことによって、「てふてふ」のイメージをつくるための大切なきっかけが失われてしまったのは残念です。

宗氏の指摘が生きてくるのは、この部分だと思います。

「てふてふ」→「ちょうちょう」

という変換が子どもの頭のなかでスムースにいっていないとすれば、そのいっていないという事実をもっと生かしたらよいというのが宗氏の指摘の内容です。宗氏ご自身がそう言っているわけではありませんが、教師ならば、そのくらいの読みかえはできるはずです。

羽を上下して飛ぶ、どこかおぼつかない蝶のようすを「てふてふ」という文字はよく表しています。

あえてかなで表記することによって、蝶は、はじめてそれを見る幼児の目で知覚されるのです。子どもたちはからだで、その「てふてふ」のイメージをつくってみることもできるでしょう。そして、それがこの硬質な詩の扉をひらく鍵なのです。蝶こそは、この短詩の中心であり、主役であるからです。

第二に重要なのは「韃靼海峡」です。

韃靼海峡はシベリアとサハリン島(昔の樺太《からふと》)のあいだの水道です。最短部の距離は約十キロ。それほど大きな海ではありませんが、北の海をわたって蝶が大陸に向かって(もしくは故国に向かって)飛んでいくわけです。

「韃靼海峡って、どこ通っているの?」。生徒が問いかけます。

「秘密です、それは」。先生は答えません。さらにさきのほうで、子どもたちはもう一度、問いかけます。

「先生、〝韃靼〟ってなんですか?」

「なんでしょうかね」

「韃靼海峡って、どこ通ってるんですか?」

「韃靼っていう海峡、陸と陸とのあいだを海峡といいます。それはいいですね」

先生は、ここでも生徒の質問に答えません。そして、とつぜん、「これを読んでなにか考えられることを、紙に書きなさい」という指示がつづくわけです。

タイミングの問題は重要ですし、最後まで疑問をひきずりつづけることが必要なこともありますから、そのつど、生徒の質問に答えるべきである、などとはぼくも考えません。しかし、この詩のイメージの核になっているのは、たんなる海峡ではなくて、韃靼海峡です。その位置、すくなくとも韃靼海峡が極北の海峡であることくらいは知らせておかなければ、子どもは、この詩のイメージをつくることができません。だからこそ、子どもは「韃靼海峡」はどこかと、くりかえし質問しているのです。子どもの要求は正当です。

向山氏は最後まで、ついに子どもの質問に答えません。教師は鍵を手わたすことなく、扉を開け、と要求します。子どもたちが建物の周辺をどうどう巡りしはじめるのはあたりまえです。子どもが詩を読むためのいとぐちが、ここでもひとつ、断ち切られています。

❹ 子どもの読みの萌芽をつぶしてしまう

第三の、これも決定的に重要ないとぐちは、片山君や、そのほか何人かの生徒たちがメモに書いたという「蝶々は死んじゃった」という断想です。

生きものの生死にたいする子どもの感受性は驚くほど繊細で、しばしば胸を衝《つ》かれることがあります。そんなかれらがもつ一面の現れでもあるのでしょうか。ぼくは、このかれらの感覚を、文とのかかわりにおいて深め、さらに覆《くつがえ》すことが、この「春」の授業の山場になるべきであると考えます。

どういうわけか、向山氏は片山君たちの意見を、まともなかたちではとりあげません。

「死んだなんて、どこにも書いてないよ」

「渡っていった、とあるんだから、死んでない」

ほかの子どもたちの反論で、片山君たちの意見はあっさり一蹴されてしまったようでした。

「書いてはないですね。……書いてはなくて、片山君は、死んだと思うわけですね」と教師。

「先生が、さっき、思うことを書きなさいと……」

片山君は不満そうです。

おそらく、片山君は、文と無関係に蝶は「死んだ」と思ったわけではないでしょう。詩に直接そう書かれているわけではないとしても、かれらの思いは詩のテキストのなかから生まれています。かれらの感じ方を詩のことばとつなげてやることこそが、ここでの教師の役割なのに、あろうことか、向山氏は「そんなことは書かれていない」という意見を肯定してみせるのです。(よもや本気ではないでしょうが。)

生徒はそう突き放されてしまうと、ひき下がるほかはありません。「てふてふ」や「韃靼」ということばにそくして、詩の意味をとらえているわけではありませんから、「そんなこと書いてないよ」といわれてしまえば、もう反撃することはできません。結局、教室ではいちばんうすっぺらな読みとり方が勝ちのこっていくことになります。子どもが読めないのではなく、子どもの読み、子どもの読みの萌芽《ほうが》を、教師のほうがつぶしてしまっているのです。

余談になりますが、一九三六年(昭和十一年。ちなみに「春」をふくむ詩集『軍艦茉莉』の刊行は昭和四年)刊の大野東雲『樺太地誌』を読みますと、間宮海峡に面した真岡の一月の平均気温は氷点下一〇・六度です。春のおとずれは遅く、四月、五月、雪どけとともに気温は急に上昇します。万物の再生。

蝶が「韃靼」に向けて飛んでいくのか、樺太に向けて飛んでいくのかは、詩のことばの内部では識別できませんが、前者のほうがイメージとしては硬質です。

おぼつかない小さな生命が、けんめいに羽をふりながら、しかし、外目にはたゆたうように海峡を渡っていく。きびしい北国に春がおとずれ、宇宙にみなぎる大きな生命力が蝶の孤独な冒険を力強くささえている。どうして「春」なのか、という子どもの疑問は、この詩をそこまで深めて読むための貴重な手がかりを提供しています。

❺ 子どもの疑問より方式のほうが重要なのか

「どうして、ちょうちょのことを〃てふてふ〃って書いたんですか?」「韃靼海峡って、どこ?」「春という題なのに春のことが、書いてない」

こうした生徒の素朴な疑問にくらべて、教師の発問なるもののぶざまさ、愚劣さはいったいなにごとでしょう。こうした子どもの問いのすべてを振りきって、向山氏はただひとつ「話者の位置」のみを問題にします。まるで子どもの疑問よりも、「分析批評」にもとづく指示や発問のほうが重要だ、といわんばかりに。

生徒たちは作品の世界に触れたとたんに、たちまち先生から与えられた約束ごとの世界につれもどされます。

「(この詩を)絵にして、話者を目玉で書きなさい」

話者の位置をあげつらうことによって、ましてそれを絵にかくことによって、この作品の何が見えてくるというのでしょう。

向山氏の授業では、読みの手続きは作品そのものからではなく、視点論というある理論から、もっと端的にいえば、定式化されたある準則からうまれてきます。作品がなんであれ、教師はいつもおなじたぐいの指示や発問をくりかえしていればよいのです。

戯画化のしすぎだ、とおっしゃるかもしれません。しかし、前記の指示が戯画でなくて、いったいなんであるというのでしょう。ビデオの「授業分析」の巻によれば、向山氏はどうやらこの方法の神通力を証明するために、あえて小学校三年生の授業で「春」をとりあげたもののようです。授業を嘗《な》めてかかっているとぼくが言うのはそのことです。

教師が設定した問題軸にしたがうことによって、生徒たちの論議は、どんどん作品そのものから遠ざかっていきます。岸から蝶を見ていた、いや、船から、ヘリコプターから、といった論議が、「春」の宇宙と、いったいなんの関係があるのでしょうか。「話者の空想だ」という小西君の、それじたいとしてはひじょうに重要な意見も、読みを深める手だてがこうじられていないため、ほかの生徒の心にそれほどつよい衝撃をあたえているとは思えません。かれの意見をまともに検討するための条件が用意されていないのです。

二時間目、三時間目の授業については、くわしい授業の記録がありません。だが、ビデオでかいま見るいくつかの場面では、相変わらず愚にもつかぬ教師の発問がつづいています。

「話者は日本にいると思うか、外国にいると思うか」

「話者は幸福な状態か、不幸な状態か」

そんなことは安西冬衛にでも聞いてくれ、と言いたくなるような愚問です。いくら作者と話者を区別しても、これでは元の木阿弥《もくあみ》というものです。そもそも幸福だの不幸だのということが、この詩とどんなかかわりがあるというのでしょう。

どこかの道具箱に貯えられた指示や発問をとりだしてきて、それを任意の作品に適用すれば授業になる、というのであれば、もはや、めんどうな教材解釈などというものは不要です。教育技術の法則化は、「読む」という作業から、教師と子どもを解放したのです。

ぼくはこの文章を書きながら、伊東信夫氏の「翡翠《かわせみ》」の授業記録(『ひと』一九八九年四月号・本稿と同時に掲載)を思いうかべました。両者の対立点は明瞭です。翡翠は飛んでいるのか、それとも、とまっているのかという伊東氏の発問は、作品の教材解釈のなかから生まれています。もっと正確にいえば、伊東氏においては、問いをたてるという行為それじたいが解釈の営みをそのうちにふくんでいます。向山氏の発問や指示は、作品のなかから必然的に導きだされたものではなく、あるフォーミュラ(方式)を作品に適用した結果としてかたちづくられたものです。どちらの読みが作品と子どもの想像力を生かし、どちらの読みがそれらを殺すか、両者をおくらべになったうえで判断してみてください。

❻ ここにゲーム化のおとし穴がある

このように、「春」の授業は迷走をつづけているのですが、しかし、そのわりに子どもたちの発言が活発であることを見すごすとすれば、それはいささか不公平にすぎるというものでしょう。

授業は日常のさまざまな営みの集積に依拠して行なわれるものですから、その見えない部分がわからないとなんともいえませんが、ビデオを見たかぎりでは、つぎの二つの要因が大きな役割をはたしているように思われました。一つは子どもの動きや表情にたいする教師の目くばりのよさ。いま一つは討論のゲーム化。

この授業でとくに重要な役割をはたしているのは、討論のゲーム化です。向山氏は作品についての論議をゲーム化することによって、子どもたちの活発な討論を誘発します。たとえば、反対する意見のつぶしあい。彼らのいうディベイトです。これはちがう、これはおかしい、と思う意見に反対の意見をぶつけ、おたがいに激しく議論しあうやり方です。ヨーロッパ、アメリカの学校教育のなかでは、このような論争は一つの課業としての長い伝統をもっているようです。向山氏の授業のなかでは、子どもたちは仲間のかいた絵を媒介にして、おたがいの解釈を「つぶしあう」わけです。

対立の仕方を学ぶということは、とりわけぼくらのように対立を避ける風土のなかで育ってしまった人間にとってはきわめて重要なことで、ぼくはこうしたやり方そのものに反対する気持ちはありません。だが、この種のゲーム化された論争は、ことがらそのものの認識や思考の深化よりも、相手を論破することに関心の焦点がむかいがちです。作品の解釈をめぐる論争の場合も、それは同様です。相手をコケにして楽しむのがゲームの本質ですから、作品のことばの意味がどうであるかというようなことは、ほんとうのところはどうでもいいわけです。どうでもいいような論題であっても、参加者がエキサイトして激しく論じあうという点に、ゲームの魔力があるのです。向山氏はこの魔力を活用しています。生徒たちのにぎやかな討論が教室にとびかえば、とりあえず、それで授業はなりたっている、とぼくらは考えてしまいがちです。そのことが重要でないとはいいません。しかし、そこで認識なり解釈なりがどう深まったか、どんな驚きや発見が経験されたか、という評価の観点がぬけてしまうと、外づらの活気で授業の質を判断することになりかねません。

向山氏の「春」の授業にかんしては、ぼくとは逆に、これを「文句なくすばらしい」授業と絶賛する教育学者もいます(藤岡信勝「一人ひとりの子どもをとらえる努力」『教室ツーウェイ』一九八九年一月号)。おそらく、向山氏の子どもにたいする目くばりのよさを大きく評価したものであろうと思われます。この目くばりのよさは両義的です。「文句なしに」すばらしいものとは言いがたいのです。少なくとも「春」の授業のなかでは、この目くばりは、子どもの発想の深みにいきとどいているとは思えません。この無残な授業がどうして「文句なしに」すばらしい授業なのか、ぼくには、さっぱりわかりません。

❼ 「春」の授業化への私なりの提案

最後に、向山氏の授業に触発されるかたちで、作品「春」について、ぼくなりに考えてみたことを書いてみたいと思います。まず、

てふてふが一匹韃靼《だったん》海峡を渡つて行つた。

というこの詩のテキストを、できるだけ単純な散文に還元します。すると、

蝶が海峡を渡る。

という短文が得られます。いっさいの付加語や修飾語をとり去った単純な散文ですが、かえって詩の原イメージがみえてくる、そんな気がしないでもありません。この文にことばを付加したり、動詞の活用を変えたりして、詩「春」が形づくられています。かりに詩「春」をA、短文をBとします。

詩「春」を解釈するということは、AとBのちがい(差異)を弁別し、そのちがいによって意味がどうちがってくるかを吟味することに等しいといえましょう。AとBのちがいは、外形的にみれば、つぎの四つです。

①―蝶(B) ⇩ てふてふ(A)

②―「一匹」がつく(A)

③―海峡(B) ⇩ 韃靼海峡(A)

④―渡る(B) ⇩ 渡って行った(A)

この変形によって、散文Bと対立する詩的テキスト「春」が成立します。

①については、宗さんの指摘にふれて、すでに述べたことなので省略します。要するに、なぜ蝶ではなくて「てふてふ」なのか、ということです。蝶は「てふてふ」によって、いわば疎隔化(注)されています。

②について。蝶々という集合体もしくはカテゴリーを表す主語のあとに「一匹」が付加されています。集団と個の対置です。蝶と「一匹」の結合には、つぎの二とおりの可能性があります。

一匹のてふてふが……(C)　　てふてふが一匹……(D)

CとDとでは意味はどのようにちがってくるのでしょう? 「てふてふ」をほかの名詞、たとえば、「日本人」とおきかえてみます。

一人の日本人が　　日本人が一人

前者では、集団と個は比較的つよくつながっています。後者では、個は集団から引きはなされ、抜きとられて(デラシネされて)います。「異国で」ということばをおぎなって、前記の二つの句のニュアンスを比較してみてもよいでしょう。

作者についての情報に依拠することには、禁欲的であるべきだと思うのですが、安西家の家紋が蝶であったという事実を補足すると、イメージがまたいちだんと広がっていきます。

③についても、すでにふれました。「てふてふ」と「韃靼」の字感のコントラストが重要であることはいうまでもありません。「てふてふ」は、一方で「蝶々」と、他方では「韃靼」という文字と作用しあって、一つの意味の場を構成しています。

④では、とりあえず、

渡る。　渡つて行く。　渡つて行つた。

という屈折にそくして、意味の変化を追うことができます。向山氏の生徒たちも、この部分ではかなりよく文章に食いさがっていて、三時間目の授業では、「渡つて行つた。」という表現のなかに完了態とともに遠のき態の意味がふくまれていることを発見しています。

以上の四点について対比していきますと、Bにたいする A の、全体的な特徴が浮かびあがってきます。なにはともあれ、この変形によってテキストはよりドラマ化され、物語性をつよめているといえるでしょう。ここからさきは読者の自由な想像にゆだねられています。読者はテキストを媒介にして、さまざまな「物語」をイメージすることができるわけです。

感動を伝えることはできない、という向山氏の考え方には、ぼくは、基本的に賛成です。感動は教師が「伝える」ものではなくて、生徒が「する」ものですし、そもそも「感動する」という仕方での作品への接し方が、それを受容する唯一のありかたであるとは思えません。しかし、そうであるからこそ、文学作品の授業では、テキストに徹底的にこだわりぬくことが必要だと思うのです。あえて「春」のテキスト分析を試みたゆえんです。授業とは無縁な作品分析だとお考えならば、どうぞ嗤《わら》ってお捨てください。

【注】 疎隔化＝オストラネーニェ。習慣化された知覚からの離脱。非日常化とも訳される。

「トルストイの非日常化の方法は、彼が事物を通常用いられている名前で呼ばずに、事物をはじめて見たもののように記述し、また、事件もはじめて起ったもののように描き、しかも事物の描写にあたっては、広く認められている事物の部分の名称を使用せずに、ほかの事物と対応する部分の名称で事物を名づけているという点に存在する」(V・シクロフスキー・水野忠夫訳『散文の理論』せりか書房)

4

技術の蓄積よりも趣味の変革を

「法則化」批判への竹田博之氏からの反論にたいして

一九八八年十二月号の『ひと』が発行されてからしばらくして、私たち(『ひと』編集委員会)は「法則化」運動に参加されている愛知の竹田博之氏から一束の通信を受けとりました。「『ひと』反論特集」と銘うたれた十七枚の通信で、ここには竹田氏ご自身の同号所収の諸論文にたいする批判と反論、鳥取を中心にした各地「法則化」研究サークルのメンバーからの『ひと』批判の投稿、また、それにたいする竹田氏の補足的なコメントなどが収録されています。

『ひと』の十二月号の特集については、わざわざ「反論するまでもない」(向山洋一氏)という空気が、教育技術研究会のなかではかなり強かったようで、それでは愛知が、と反論のとりまとめを買ってでた竹田氏が精力的にまとめられたのが、この通信であったようです。「法則化」運動サイドからの反応としては、ほとんど唯一のものであり(この時点では、のちに反論がのせられた『国語教育』五月号〈明治図書〉はまだ発刊されていない)、また、竹田氏の反論のなかには、このグループの発想の特徴がたいへんよくあらわれてもいましたので、私たち編集委員会では、反論にたいする反論というかたちで、いくつかの「法則化」再批判の文章を用意することにしたのでした。以下の私の文章も、もともとはその一環として書かれたものに、後刻、筆を加えたものです。

はじめ論争を希望されていた竹田氏が途中で態度を変えて、「通信」所収の論文の引用いっさいを拒絶されるにいたって、この試みが途絶したしだいは、『ひと』の冒頭の一文に言及されています。もっとも、この「私信」は、愛知では、一定の頒価でかなり多くの人たちに売られているようですから、「私信」にたいする私たちの守秘義務はもはや解除されたと考えてよいでしょう。

いったんオクラ入りしたこの文章を、本書（「ひと文庫」の『「教育技術の法則化運動」症候群』一九八九年）のあとがきに代えてここに掲載するについては、若干のためらいもないわけではありませんが、『ひと』誌の二号にわたる「法則化」批判特集の編集の過程で私たちが考えてきたこと、話し合ってきたことの一端がそこに反映していることも事実です。誌面では十分に展開しきれなかった論点の所在を示す一種の補助資料として、このさい、あえて提出させていただくことにいたしました。

私たちの論争のひとつの焦点は、「技術」についてどう考えるかということであったわけです。そのことについて考えるための手がかりとしては、「通信」の諸氏のなかでは竹田氏ご自身の文章がやはりいちばんまとまっており、論旨も明快ですので、以下の行論では、もっぱら竹田氏のお考えにターゲットをしぼります。それでは本論に移りましょう。

❶ なんのための「すぐれた技術」か

竹田さんの文章は――この会の人たちの書く文章の一般的なスタイルとなっているようですが――主張や事柄の要点を短くまとめて罫線《けいせん》でかこんでいます。チャート式の受験参考書の要領です。私の思考はそうしたスタイルにかならずしもなじまないのですが、とりあえず、竹田氏の主張の罫線でかこまれた部分について、私の考えを書いてみたいとおもいます。

「法則化」を批判するなら、つぎの点に答えてほしいとして、竹田氏はこんな反問をされています。

> すぐれた教育技術を共有財産化していくという活動に賛成か反対か

yesとnoに応じて、竹田氏はさらにつぎの質問も用意されているのですが、この質問自体にたいして私は異議をもちますので、yesとも、noとも答えることができません。

技術というものは、つねになにかのための技術であるわけで、その技術を使っておこなう活動ときりはなし、普遍的に通用する「すぐれた技術」なるものが存在するわけではありません。より多くの煙草を売るための宣伝技術と、より容易に禁煙するための工夫を、すぐれた技術の名で一括してもあまり意味はありませんし、ましてその両方をおまえの「共有財産」と見なせといわれても、人間それほど公平無私であってよいわけがありません。

「法則化」を批判している人びと、とくに『ひと』同号の寄稿者の多くは、技術というよりも、竹田さんのいうその「すぐれた教育技術」をもちいておこなわれる教育活動そのものに疑義をむけているのですが、そこがどうもあまり伝わっていないようです。

子どもをうまく操作したり管理したりするための技術も、そういう教育をめざしている人にとっては「すぐれた教育技術」です。現在の学校システムにあまり違和感をもたない教師たちがいま切実に求めているのは、そうした方向性をもった教育技術である、といえるのかもしれません。私はそういう「すぐれた教育技術」が教師たちの共有財産にならぬことをせつに希望します。

つまり技術評価の基準はけっして一本ではないということです。技術の優劣を評価するだけではなく、その評価の基準を評価することが必要です。

そして、技術の評価にさいしては、つねに目的が、その技術のなかにふくまれている志向性が、問われねばならないのです。技術というものはけっして無色なものでも中立的なものでもありません。それは対立する利害と理想がせめぎあい衝突しあう戦場です。

私はつぎのような志向性をもつ教育技術ならば、それを自分たちの「共有財産」にしたいと考えます。それと対立する〝管理と飼い慣らしの技術〟にも、ついつい救いを求めてしまうというのが学校教師の実状であるわけですが、だからこそ、一つ一つの技術のなかにこめられている志、それが追求しようとしている教育実践の質がいかなるものであるかをきびしく問わねばならぬ、と思うのです。

めざしたいものは二つに要約できます。

①―教える者・学ぶ者の相互的な関係性をつくる。
②―知的追求を深める。

残念ながら、「法則化」の文献のなかで報告されている教育技術の多くは、この指向性を共有するものとは、どうしても私には思えないのです。それが岡崎勝さんや平林浩さんの批判の要点でもあったとおもいます。

❷ 業務遂行の効率性のみを追求する

私がすでに記したような目的論はもはや自明のことであって、問題はそれをどう実践化するかであると、竹田さんたちは、たぶんそんなふうに言われるのでありましょう。

しかし、前記の目的はそれほどに、自明なことであるのでしょうか。わかりきった目的についての論議は棚上げにして、関心の対象を技術に絞る、というのが当節はやりのプロフェッショナリズムの思考方法の特徴です。なんであれ所与の目的を達成するためのもっとも効率的な方法を習得し、さらには考案するということに、専門家は自分自身の存在証明を求めようとするわけです。

じつは目的は自明であるのではなく、ただ不問に付されているだけなのです。意味や目的についてみずから考えることを放棄して、ただ業務遂行における効率性のみを問題にする、それが現代社会における専門家の基本的なありかたです。

竹田さんたちの思考方法のなかにも、それははっきりと示されています。いやしくも為《な》さねばならぬものならば為すに値する、いかに為すか、それがわれわれの唯一の関心事である、というわけです。平林さんは「法則化」の教師たちにたいして、なぜ、ゴミを拾わせることがそれほどに重大なことなのかと問うているのですが、竹田さんや「法則化」の教師たちは、それでは、あなたはどのようにして生徒にゴミを拾わせているのか、をくりかえし反問しています。そうしたhow-to以外は眼中にないということでしょうか。

現代の官僚制社会のなかでは、そうした思考法は専門家のなかだけではなく、すべての人びとの心のなかに深く浸透しています。私たちはその意味では、だれもが多かれ少なかれ専門家であるといえましょう。

❸ 〝法則〟は内容ぬきの手軽な便法にすぎない

社会生活の合理化は時代の宿命である、といわれています。教育技術の法則化もまた、おそらくは企業経営のそれにならって、教育の営みを合理化しようとする時代の動きのひとつといってよいのでしょう。

だが、社会生活の合理化がさけばれている現代は、同時にまた、理性の危機の時代でもあるのです。理性の危機は、なによりも理性の変質というかたちをとって現れてきます。合理的であるということは、文字どおり理にかなっている、ということですが、その理にかなうということのなかには、かつては多かれ少なかれ「道理」にかなうという意味あいがふくまれていたはずです。つまり理性とは事物の運動をとおしておのれを示す真理であり、それと一体となることによって人間ははじめて自由な存在になる、という信念が、合理主義的な思考のバックボーンとなっていたわけです。しかし、今日の「合理化」は、事物の本性にではなく、企業や国家が設定した計画にむすびついています。根源的な意味でのものの道理や、人間がそれをとおして事物の尊厳を知りうる、真なるもののきらめきといったようなものは、現代の功利的な知性からみれば時代おくれの世迷いごとということになるのでしょう。

現代的な意味における理性とは、ある目的を達成するためのもっとも効率的な手段や手続きであって、それ以上のものではありません。ホルクハイマーという哲学者は、それを「道具的理性」とよんでいますが、この道具的理性の特徴は「目的にたいする手続きが妥当であるか否かに関心をもつが、目的自体が合理的であるか否かはほとんど問題にしない」点にあるのです。

合理性や客観的な法則性をおもんずるという点で、仮説実験授業と「法則化」が類比されることがあります。しかし、仮説実験授業をつらぬいているのは、よかれあしかれ古典的な合理主義であるのにたいして、「法則化」の運動がいうところの法則は、内容ぬきの手軽な便法に変質しています。

事物の法則性を発見するということは、前者においては自分の存在にかかわるある経験としてあるのですが、おなじ法則ということばが、後者では一月何万円だかの本代で購入し、所有することのできる道具、便利な財産におとしめられています。

知識の内実や教えるべき事物にたいする、ほとんど無関心と紙一重ともいえる粗雑な態度は、理性や法則性にたいするこのシニシズム(冷笑主義)と不可分です。どんな技術を駆使したにせよ、こうした知性がうみだす教育活動は、生徒を学ぶよろこびから遠ざけるものにならざるをえないでしょう。

❹ どんな「明日の授業」を求めているのか

竹田さんの第二の問いかけ、というよりも、むしろ竹田さんの積極的な主張ととったほうがよいのかもしれませんが、反論の第二のポイントはつぎのようなものです。

> 「明日の授業」に困っている先生はどうすればいいのか。

法則化運動はまさにこの問いに答えるものとしてあると、たぶん、そう竹田氏はいいたいのでしょう。この問いを共有したうえで、それにもっとよい別な回答を与えてくれるような批判をこそ、自分は期待したいのだ、と。

『ひと』誌の二号にわたる特集のなかには、竹田さん自身もいわれているように、こうした期待をみたすかたちで批判を展開している論文がいくつかふくまれています。(そうではないでしょうか?)

法則化教師の発問や指導手順のごく初歩的なあやまりや踏みはずしが数多く指摘され、それにかわるべき数学や読み方教育の大道とでもいうべきものが対置されています。

戦後の民間教育運動が培ってきた教育実践の理論や方法がこんなにも無残に改竄《かいざん》され、矮小化《わいしょうか》され、あるいは黙殺されていくことにたいして、私たちは危惧もし、無念にも感じて、この「法則化」特集を組むにいたったのでした。そのためもあって、第一弾の十二月の特集号では、民間教育団体の実践家による授業批判や教材批判が比較的つよく前面におしだされているといえるでしょう。筆者たちの多くが、具体的な手がかりや対案を提示するかたちで、「法則化」実践への批判を展開しているのはごらんのとおりです。私自身もそれに近いスタイルで、「春」の授業についてのコメントを書きました。

しかし、そんなふうにして、竹田氏の問いに寄り添うかたちで批判を展開することによって、彼我のすれ違いが縮小されるとは、私には思えません。ここでもまた、「問い」そのものについての吟味が必要だとおもうのです。

「明日の授業」に「困る」ということは、具体的にいって、いったいどういうことなのでしょうか？　あたえられた課業、こなさねばならぬノルマ、つまりは一種のビジネスとして「明日の授業」がある、ということなのでしょうか？　その課題をまえにして困惑し途方にくれる教師。竹田氏たちの考えでは、マニュアル化されたテクニックで、その困惑を乗りきる自信を与えてくれるのが教育技術の「法則化」である、ということなのでしょう。『ひと』の筆者たちがさしだしている示唆や批判が、それと同種の処方箋、教師の思想や抱負は抜きにして、とにもかくにも授業(らしきもの)を成立させてしまうありがたい技術としてうけとられ、受容されるとしたら？

道具的理性の時代の専門家は、批判から学ぶことによって——いいかえれば、営為そのものに向けられた批判を、その営為の根本的変更なしに摂取することのできる技術的示唆や忠告にすりかえることによって——批判のほんとうの中身を骨抜きにしていきますから、受容されればされるほど、批判は相手の精神の中核にはけっして届かないものになっていきます。

実際には、そうはいかないそのぶんだけ、『ひと』誌の筆者たちが展開している批判や示唆は、竹田さんたちにとっては有効性において劣る、ということになるのでしょう。授業を問答無用に達成せねばならぬ業務のようなものと考えるならば、「法則化」が集大成してくれているテクニックのほうが、ぜいたくでなにかと思想性を問いかけるその対案よりも、とりあえず使いやすく、手軽で重宝であることはあきらかです。

授業の質をささえる根本は、授業者の趣味と志です。どんな「明日の授業」を志すかによって、授業技術のありようも、根本からちがってきます。思想と無縁な技術の集積から「明日の授業」がうまれるわけではありません。

「明日の授業」で困っている教師はどうしたらいいのか、という竹田氏の問いかけは、まことに切ない問いかけです。明日の授業をどうこなすかというせっぱつまった問いのなかからは、今日のつづきとしての明日の授業のイメージしかうまれてこないという意味で、その問いは切ないのです。

率直にいえば、私はむしろ、こう言いたい気持ちにかられます。明日の授業よりも、むしろ明後日の授業について考えよう、と。明日の実務に几帳面に対処することから自分を解放して、もっとズボラに、もっとぜいたくに、明後日の授業をゆめみよう、と。

自分もおもしろく生徒も楽しい授業をつくるためには、その授業の構想をあたため、適切な教材を用意するための、たっぷりとした時間が必要です。そんな余裕はないよ、という反論が、きっとはねかえってくるでしょう。しかし、数か月さきに狙いを定めて、ひそかに授業のプランをあたためる楽しみは、余裕のなかからではなく、窮してなお自由な戯れを求める構想力のなかからうまれてくるものではないでしょうか？　明日の授業をどうするか、という性急な問いのなかからは、けっして教師の仕事のよろこびも、志をもった明日の授業もうまれてはこない、と思うのです。

❺「専門家」以外の批判を封じ込める

竹田さんの第二の反問に関連して、私がとくに「まずいな」と思うことが、もうひとつあります。「明日の授業」に困っている先生がたはどうすればいいのかをお教えください、という質問が、こともあろうにジャーナリストである斎藤茂男氏にたいして向けられている、ということです。卑屈にへりくだったことばづかいで、おうかがいをたてているように見えるのは、もちろん傲慢な底意のうらがえしで、代案たるべきhow-toを示すことのできない者には批判の資格はない、というのが竹田氏の胸内三寸のホンネでしょう。もちろん本気で斎藤氏にhow-toを求めているとは思えません。どんな相手であろうと見境なしに授業の方法についての教示を乞う竹田氏の奇妙な身振りは、じつは相手にたいする揶《や》揄《ゆ》の身振りであるというべきでしょう。

授業の実践者でないかぎり答えられようはずのない反問を、あえて斎藤氏に向けてぶつけることで、ここはしろうとの出る幕ではないのだ、と主張しようとする底意は見えみえです。世にいう「専門家」が世人の批判を封じ込めるときに用いるこれは常套手段です。これでは、授業や教育実践についての批判や討論は、同業者仲間である教師のあいだか、たかだか教育学者をふくめた「その道の専門家」のあいだでしかおこないえない、ということになってしまうでしょう。もっと開かれた問いを提起することはできないものでしょうか?

技術や処方だけを問題にする竹田氏の問いは、つまりは教師以外の人間との対話を拒絶するような性質の問いなのです。明日の授業に困っている教師はどうしたらよいのか、という問いは、教師がみずからにむけて問いかけるべき問いであって、相手かまわず問いかけてよい問いではないのです。

❻ 技術の蓄積よりも趣味の変革を

専門家によっておこなわれるすべての文化の営みは、非専門家である公衆の批判にたえずさらされつづけることが必要です。公衆の論議の場から切り離されたときに、専門家の文化の営みは、些末《さまつ》主義と技術主義のなかに閉塞するのみならず、かならずカネと権力に奉仕する営みに堕して、人びとの生活を破壊する凶器となるのです。(今日の科学技術のありようを見れば、それは明瞭でしょう。)教育もまた、その例外ではありません。

専門家が視野狭窄《きょうさく》におちいりがちなのは、どの分野でもおなじことで、また、われわれはだれしもが、いずれかの分野における専門家であるほかはないのですが、であればこそ、自分のなかの非専門家、公衆のひとりとしての自分にたちかえるということが、今日のような合理化された社会では、とりわけ重要な意味をもってきます。専門家の独善、技術の暴走に歯止めをかけるものがあるとすれば、それは公衆のコモンセンス、生活者の判断力・趣味・共通感覚をおいてほかにはないからです。

人びとが直接的な利害をはなれ、また、専門家としての制約からおのれを自由にして、対等な市民としての資格において共通の問題を論議し、公論を形成していく場を、ハバーマスのことばをかりて、かりに「公共圏」とよんでおきましょう。公衆の政治的判断力とか趣味とか共通感覚とかよばれているものは、こうした公共圏における自由な言説の交換によって形づくられていくものであるといえましょう。

公共圏の衰弱は、したがって、共通感覚の衰弱、その保守化と画一化、さらにはその空洞化と解体をもたらします。公共圏が解体されれば、専門的・技術的な営みは、その営みの意味を問いなおし、専門家の独善と暴走を制御する公的批判者、みずからの営為の歯止めとでもいうべきものを喪失するわけです。ですから、技術としての有効性以外のすべてのことを視野の外に追放した、没意味的専門経営だけがいたずらに自己肥大をとげていくことになります。技術だけがすべて、営みの意味はスポンサーか「お上」のえらいさんが考えてくれればよい、というわけです。

コモンセンスや政治的・美的・道徳的判断力を欠いた技術的実践が、しばしば人間を破壊する凶器に化するのは教育にかんしてもまったく同様です。そうしたコモンセンス、社会的・人間的なセンスを欠いた授業に、どんなに「二十世紀の教育技術」を適用しても、そこから知的喚起力をもつ授業がうまれてくるはずはありません。すでに述べたように、授業や教育実践は、本源的には技術によってではなく、世界と他者にたいする教師の感受性、つまりは哲学者たちが趣味や判断力やコモンセンスとよんでいるところのものに活力を得て、営まれる実践であるのですから。

専門家としての技術の交換や蓄積が不要であるとは思いません。だが、すべてをそこに封じ込めていく(「法則化」教師の文章の多くにきわめて顕著に見られる)思考方法を、私は不毛で危険なものであると考えます。

教育の底ぶかい変革は技術ではなくてエートス(社会的気風)の変化からおこるものです。技術の蓄積よりも、むしろ趣味(注)の変革を。

教師という枠をとりはらったところで、父母・子ども・市民とともに、教育についての共通感覚を広げ、深め、豊かにする運動が、いま、とても重要なものになっている、と私たちは考えています。そうした運動に、つまり教育をめぐる対抗的公共圏とでもいうべきものに、どれだけ深く根をおろすかによって、教育技術の質もまた大きくちがってくるのではないでしょうか。

【注】

趣味とは、利害関心を離れて「美しいものを美しいと判定する能力」を意味している。ここではおなじことばをやや広義に思想的美意識一般を意味することばとしてもちいた。趣味に同意を求めることはできない、という世間の通念とはぎゃくに、カントは趣味を他者との交渉のなかで形成されるある世界感覚、「人びとを世界の住人にふさわしくする」すぐれて公共的な能力と感覚であると考えた。そうすることによって、かれは価値と選好の領域を私的な主観性から解放したのである。趣味は対他の次元において形成されるものとなる。ある人間の美的・政治的・道徳的判断力のなかには、その人の世界にたいする対し方が表現されている。それは遠山啓氏のいう術と学と観の「観」にほぼ該当する概念といえよう。

IV

なぜ、「現代」を問うのか

1

富裕化社会の危機から生まれる新しい問い

❶ 「豊かな」社会のなかで、子どもたちはどう育つか

ぼくのような五十代以上の人間が子ども時代を回想すると、たいていは戦争の話と貧乏の話になってしまうようです。

戦争と貧困。その重さにほとんど圧しつぶされるようにして育ってきたのが、ぼくらの世代でした。ぼく自身が社会についてものを考えはじめるようになったきっかけも、つまりは貧乏と戦争の経験だったのではないかと、いま、ふりかえってみて、そう思います。

いつごろからでしょうか。子どもたちの「現実」は大きく変容していきました。戦争を知らない子どもたちがふえ、戦争は海の向こうでおこる他人の物語となり、そして、日本はめざましい経済成長をとげ、物質的な貧しさは遠い過去の悪夢となりました。

それは、ぼくのような古い世代の人間にとっては、じつに思いがけない事態であったわけです。

子どもから青年にかけての一時期を、どんな状況のなかで、なにを考えながら過ごしたかによって、人びとの社会や人生にたいする感じ方は大きくちがってきます。その感じ方は、時代に順応してかたちづくられるだけではなく、しばしば時代に抗してかたちづくられるものである、ということに、ぼくは注目したいのです。

経済学者の馬場宏二氏は、『教育危機の経済学』（御茶ノ水書房）の冒頭で、子どもたちの現在をみごとに要約してつぎのように述べています。

> 未曾有の高度成長は、だれにも予想できないテンポで日本社会を富裕化した。この過程で子供たちは多くのものを奪われ、多くのものを与えられた。そのカタログを、もっとも単純な形にまとめれば、奪われたものは、自然、労働、仲間であり、与えられたものは、物質的豊かさ、大衆娯楽的情報、生きる目的としての受験である。奪われたものはいずれも、人間存在にとって本源的な要素であり、与えられたものはすべてが無駄で非本質的だとまではいえないが、人間存在にとって不可欠でもなく、しばしば過剰であるがゆえに有害であった。この収奪と過剰給付のセットが、子供たちの想像力と創造力を枯渇させた。先まわりしていっておけば、これが日本資本主義の危機なのである。

しかし、と、ぼくは思います。この「豊かな」社会は、反面、それに抗して、もっとべつな人間の生きかたを求める多くの若者たちをうみだしています。それに対して問いを発するときに、富裕化社会は、激しい飢餓感をバネにして高度成長をささえていった先行世代がけっしてもつことのなかった新しい感性、新しい想像力と創造力を、子どもたちが育んでいく生活台でもあるのです。この高度大衆消費社会は、人間にとって豊かさとはなにかという、かつてのぼくたちが不問に付した問いをわれわれに投げかけています。その問いを自分の問いとしつつ成長する新しい世代が出現していることを、ぼくらは、たとえば、『ひと』誌に掲載される多くのレポートをとおして知ることができます。

❷ 大量生産と大量消費のシステムとは?

この原稿を書くまえに読んだ千葉保氏の授業記録『日本は、どこへ行く?』(太郎次郎社刊)も、そうしたレポートの一つでした。

思わず唸りたくなるような資料をつぎつぎに繰りだして、浪費社会・日本の姿を浮きぼりにしていく千葉さんの授業を、ぼくも生徒の一人になったつもりで大いに楽しんで読んだのですが、そこで主題にされている事実そのものは、こんなに楽しんでいていいのかしら、と思うような話ばかりなのです。「使い捨てカメラ」「プラスチック・トレイ」「わりばし」「ハンバーガー」「お肉」、どれも子どもにとっては身近でなじみの深い物品ですが、その生産と廃棄の裏面を知るにおよんで、子どもたちは唖然とします。私たちの「豊かな」社会、それは、たえず資源を浪費しつづけることによって地球環境を徹底的に破壊しつづけていく社会なのです。

いわゆる大量生産・大量消費のシステムは、最初にアメリカでかたちづくられました。有名なのはヘンリー・フォードのいわゆるフォード・システムです。かれは部品の徹底的な規格化とベルトコンベヤーをつかった組み立て工程の自動化によって、当時としては破格の廉価で、T型フォードという乗用車を量産することに成功したのでした。クルマはこうして大衆にも手のとどく商品となりました。

同時に、もう一つの事実が重要です。冷徹な事業家であるとともに、大衆消費時代の未来を先取りするユートピアンでもあったフォードは、たとえ大量生産の体制が実現しても、それに対応する需要の側に根本的な変化がおこらなければ、大量生産は早晩、過剰生産の危機に直面することを洞察していました。かれが自社の労働者にたいして一日五ドルという高賃金を支払ったのは、かれらを自社製品の潜在的な購入者と考えたからだと、フォードは自伝のなかで述べています。

賃上げは労働者の要求であるだけではなく、市場の拡大を求める資本の要請でもあったのです。

こうして定着する大量生産・大量消費のシステムは、一部の経済学者たちによってフォード主義とよばれています。その後、フォーディズムはアメリカを起点として、ヨーロッパや日本、そして、局部的には第三世界のなかにも浸透しています。

このところ、ぼくは毎年のようにタイを訪問しているのですが、そのたびに、バンコクの街の変容ぶりに驚嘆しています。目にみえて顕著なのは自動車、とくに乗用車の増加です。この街のカー・ラッシュぶりは、いまや東京をしのぐといっても過言ではないでしょう。

いったいだれが自動車を買うのでしょう。タイの普通の人びとの収入から考えると、どうも合点がいかないのですが、それでも、無理をすれば車を買うことのできる購買者が、それもかなり厚い層として、都市社会のなかに登場していることは事実なのでしょう。

貧困は、依然としてタイ社会の最大の問題でありつづけています。しかし、一方で、この国は年二ケタ台の経済成長を達成しているアセアン最強の新興工業国です。バンコクの空をどんよりと覆っている自動車の排気ガスや林立するビル、郊外にむけて広がる新興住宅地や工場群はタイのNICS化の表徴ともいえましょう。

タイもだんだん日本に似てきたな、という思いとともに、ぼくは、「フォード主義の世界化」という、フランスのある経済学者のことばをふっと思いうかべるのです。

❸ あの手この手の戦術で、消費を掘りおこす

T　日本人が肉を食べる量は一九六〇年から二十年たつと四・五倍になったそうだよ。

C　すごいな。

C　ぼくも、肉、好きだもんな。

T　はじめは、日本人はお金がなかったから、(アメリカは)鶏肉を宣伝したんだって。

鶏肉っておいしいなって日本の人がわかるようになると、鶏肉より豚肉、豚肉より牛肉がおいしいって宣伝してきたんだって。

C　そのほうが、エサをたくさん買ってもらえるからだ！

T　そうだね。いまでもエサの穀物の八〇パーセントはアメリカから輸入しているんだってよ。世界のほかの国でもエサの七〇パーセントはアメリカ産だって。

（千葉保著・前掲書）

大衆消費社会では、欲望は資本によって創出されます。需要を充足するために資源が配分されるのではなく、資本を再生産するために需要がつくりだされるのです。

T　いま、アメリカは中国やエジプトやサウジアラビアに「鶏肉って、おいしいよ」ってやってるんだって。

C　うわぁ、日本とおなじだ。世界中の人が肉をたくさん食べるようになるね。

（千葉保著・前掲書）

自動車もそうでした。フォードの大量生産方式は、自動車を大量に生産しただけではありません。自動車にたいする需要を、大衆的な規模において生産したのです。「授業・自動車産業って、なんだ？」（依田彦三郎著『ゴミは、どこへ行く？』太郎次郎社刊）で千葉保さんがふれているように、デザイン戦略で販路を拡大した後発メーカーのＧＭが、のちにフォードとの競争で勝ち残ることになるのですが。

こうして、あの手この手の戦術で、クルマに対する欲望が開発されます。ロスアンジェルスのそれのように、クルマなしには生活できない都市のシステムがつくられていきます。自動車で埋めつくされた都市の内部を移動するのは、ほんとうに大変です。しかし、クルマにたいする需要はいっこうに衰えません。

消費という局面で、人間が、つくりだされた欲望によって駆りたてられる存在になっていくその一方で、ものをつくる現場でも、はたらく人間は機械やノルマによって駆りたてられる没主体的な存在になっていきます。管理労働と作業労働の分離、労働者を集団から分断すること、作業の細分化と標準化、そして、熟練の解体、テーラー・システムによって開発されたそれらの管理手法をフォード・システムは基本的にうけつぎます。労働は無限に細分化し、単純化します。


労働者はボルトを手にとり、ナットを締める。隣の人間が手をあげると、すぐにネジどめ作業が待っている。十秒を失しても機械は向うへ行ってしまう。

——ともかくもボルトを手にとり、ナットを締めなければならない。上へ、右へ、半回転、下へ。それを一〇〇回やる。一〇〇〇回やる。八時間ぶっつづけにやる。それだけをやる。

（イリヤ・エレンブルグ『現代の記録』）

それだけではありません。フォードはさらに踏みこんで、その生産と労働の合理化に対応する新しい生活様式、新しいタイプの勤労者と人間を創出しようとしたのでした。大衆車が生産される工場は、それゆえに新しい文化、「新しい型の人間」がそこから産出される工場でなければならないのです。

そしてそのためには、労働者の自前の文化を徹底的に解体することが必要です。

❹ 危機から、新しい問いが生まれる

空虚な労働と消費の蟻地獄に耐える「新しい型の人間」を創出するという意味でいえば、私たちの社会は、それ自体がひとつの巨大な教育機関であるといってもよいでしょう。この「教育」の網の目をしっかりと見つめることが、その魔法を解く糸口であると考えるときに、私たちが、社会科教育とかかわって、いま、「現代」を問題にする根拠がいくぶんか見えてくるような気がします。

貧しさに対して現代資本主義が与えた解答は、どこでも、つねに、開発と経済成長でした。「進歩の成果」の配分が(多少なりとも)約束されているかぎりは、パイそのものを大きくすることにだれもが賛成でした。フォーディズムは時代のパラダイム(思考の枠組)となりました。相対的な「高賃金」(一日五ドル!)と、たえず消費する歓びを享受することの対価として、日本でも、またアメリカでも、労働者は、労働のなかの生きがいと、自前の文化を放棄してきました。経済成長の余沢を享受しつつ、われわれは、人間存在にとってもっとも本源的な要素である自然と労働と仲間、そして、なによりも自分たち

自身の自立的な生存様式を放棄してきたのでした。

この成長第一主義の帰結は、もはや指摘するまでもありません。千葉保さんの授業は、自然資源の掠奪(クジラ、熱帯林)と廃棄(プラスチック・トレイ、原発、使い捨てカメラ)という二つの側面から、「豊かな」社会のもたらす環境の危機をうったえています。

より多く生産し、より多く消費するということは、より多く廃棄することです。多様な生命体の絶妙な相互依存によって構成される生態系を破壊し、人間自身の生きる条件を掘りくずすことです。危機が危機として自覚されれば、そこに人間の問いがうまれます。それは危機が辛くもはらんでいる逆説的な可能性でありましょう。

高度経済成長が子どもたちから奪ったものは、自然と労働と仲間でした。奪われたものは人間の生存にとって根源的に不可欠な要素であり、だからこそ、子どもたちの自然・労働・仲間への内的な欲求と関心は激しく切実です。時代にたいするかれらの関心はこの眼差しと結びついています。

ぼくらの社会科の授業は、その可能性にどのようにはたらきかけていくのでしょうか?

2 「廃棄物」の問題を授業化する視点

❶ 上水は下水になる

社会科でゴミや廃棄物を取りあげていくときに、どのような問題点が浮かびあがってくるか、といったようなことを申しあげてみたいと思います。

水については、わたしの住んでいる千葉県の西部にも、おなじような問題があります。わたしの飲んでいる上水は印旛沼《いんばぬま》からとっています。それで下水・廃水はどこへ行くかというと、わたしの地区の水は新川という川をとおって、おなじ印旛沼に流れこんでいるんですね。夏になると水がくさいという苦情が出たりします。強力な薬品で処理していますから、かなり危険な水なんでしょうね。

わたしの勤め先は東京の渋谷にありまして、そこの水は千葉のそれほど悪くはありません。利根川の水も少しミックスされているようですが、小河内ダムからの水が主体です。小河内のあたりは水源涵養林に指定されていて、森の状態はかなりいいのです。それで東京の山の手では比較的良質の水が使われている。小河内にダムをつくるときに、村をいくつかつぶしていますね。その後の村の荒廃ぶりはすごいのです。代々住みついた土地が湖底に沈むということはほんとうに大変なことなのだなと思います。

さて、そうして供給された水は、結局、下水になって川に流されたり、東京湾に放出されたりするわけですね。最近では川がよごれるというので、流域下水道にして、大井の処理場からどっと海に捨ててしまうわけです。一方、水需要はますますふえていきますから、利根川なんか、もうダムだらけ。新潟県の農業用水まで横取りするということですね。いくらダムをつくっても際限がない。

千葉県の場合は、目に見えるかたちで水質の問題をつきつけられています。渋谷の場合は、そういうかたちでは問題に直面していない。水不足という問題はあるのですが、その対策としてダムをつくる、ということで問題は解決されてしまうわけです。ほかの地域の人びとの生活や自然を破壊してですね。

印旛沼からの取水がいまのままでいいなんて、もちろん言えませんけれども、さりとて、東京のようにダムから水をとってきて、それを使いすてて海に流すということでいいのかどうか、そんなことも授業のなかで考えてみるとおもしろいですね。

下水を上水として使うというと、みんなは、わあ、汚いというんだけれど、それは水の使いかたとしてはけっして異常なことではない。上水は使えば下水になるわけです。その使った水を、また使いまわしていくというのは、むしろ本来の水の使いかたに近いのではないでしょうか。

上水は使えば下水になる、ということ。これ、あたりまえのことだけど、重要ですよね。東京のような大都会では水は全部、下水道に流れこんでいく。地面にしみこんでいく部分なんて、ほとんどないですから。

❷ 資源はかならずゴミになる

これは資源全体についていえることですよね。水も鉄鉱石も木材も、それから人間の食べ物だって、最後にはみんなゴミになる。糞尿だって、あれ、一種のゴミですから。ぼくらはゴミは燃やせばなくなると思っています。家庭ゴミは清掃工場で焼却されます。でも、それでゴミがなくなるわけではない。目に見えない物質の形態にかたちを変えるだけです。一割くらいが灰となり、あとはガスや廃熱となって、大気を汚染します。資源はみんなゴミになる。そして、そのゴミが、狭い日本の国土に堆積していくんですね。

そして、いうまでもないことですが、日本は世界最大の資源輸入国です。お金の動きだけを見ていると、日本はたいへんな輸出国で、貿易の黒字は年九〇〇億ドル（九三年度は一二二〇億ドル）、そのぶんは他の国ぐにの赤字になりますから、いわゆる貿易摩擦をひきおこして、世界中の非難をあびています。それで、貿易の不均衡を是正するために、もっと資源や農産物を輸入しよう、ということになるわけですね。

ところが、これは中村尚司さんというかたが指摘されているのですが、お金のうえでは膨大な輸出超過国である日本は、その反面、物量的には膨大な輸入超過国なんですね。年六億トンくらいの物資を輸入して、輸出は一億トンにもなりません。そのうえにもっと輸入をふやそう、ということですね。その土地の植物の光合成の結果として形成される木材なり農産物なりが、その土地で消費されて自然に還元されるなら物質代謝のバランスはくずれませんが、それが日本という一点に集積されていくのですから、自然の力では浄化できるはずがない。集積していくゴミの山のなかで自滅することにもなりかねない。

わたしたちは、資源の確保ということにはとても熱心です。水についていえば、上水の確保、水道の蛇口からきれいな水が豊富に出ることについては、つよい関心をもつのだけれど、その水が廃水となってどこに行くのかについては、あまり気にかけない。上水は下水になるということ、資源の輸入は他面で汚れの増大と不可分であること、つまり、二つのプロセスを一つのプロセスとしてつかむことは、ゴミや下水の授業をくむときの基本的な視点だと思います。

❸ 廃棄物処理の費用は、だれが負担するのか

ゴミにたいするわたしたちの無関心さは、なにに由来するのでしょうか。これはやはりお金の問題と密接に関連していると思います。最近ではゴミの収集や処理を下請け化している自治体がふえています。しかし、それはあくまでも自治体の仕事を下請けに出しているということであって、清掃事業そのものを民営化しているわけではない。近頃は民営化ばやりだから、清掃もいっそ民営化したら……と思うのですが、そうはなりません。なぜなんでしょうね？

ゴミ処理に使われるお金と新幹線の建設に使われるお金をくらべてみますと、おなじお金でもだいぶ性格がちがいます。新幹線をつくるときに使うお金は、回収されるだけでなく、利潤をうみだすという点で、これは資本とみなされます。ゴミを処理するためのお金は、もちろん社会的に必要な経費だけれど、利潤をうみだすわけではない。

資源を輸入したり、ダムをつくったりすれば儲かりますよね。資源を加工して製品にして、それを売る。これは儲かります。水道でいえば、蛇口に出るところまでは水は商品で、その製造や売買の過程で利潤がうみだされるわけです。しかし、下水となると……これはいまのところ儲けのタネにはなりそうもない。

しかし、廃棄物が、なんらかのかたちで処理されなければ、生産をつづけることはできませんよね。それ自体は商売になる事業ではないけれども、日本中の個人や事業体が生産や商売をつづけるうえで、ゴミ処理は不可欠なささえです。ゴミを廃棄するのに、もちろん、ずいぶんお金がかかりますが、そのお金は何によってまかなわれるかというと、一般廃棄物についていえば、結局、税金です。

わたしたちはゴミを捨てるのはタダだと思っています。そう思いこまされているのだけれど、ほんとうは税金というかたちで、知らぬまに、わたしたちはたいへん大きな費用を負担しているわけです。そして、その費用にささえられて、企業の、こちらのほうは儲けのタネになる活動が営まれている、というわけです。

ですから、企業は生産のための費用だけをコストとして計上すればいいのですね。廃棄のための費用は国民が負担してくれるわけですから。

　原子力発電なんて、廃棄のための費用を考えたら、ほんとうは計算できないくらい高価なものになってしまうのではないでしょうか。税金というかたちでわたしたちが負担している見えないコストをふくめると、じつはものすごく高いものについてしまう製品が、ぼくらの周辺にはみちあふれています。自動車だって、そうですよね。もし、コストに廃棄までふくめたら、市場経済のメカニズムはほとんど崩壊するでしょうね。コストがものすごく大きくなり、国際競争力もなくなりますから、廃棄を経済の外部に押しやることで、いまの経済が成り立っているということです。

　さっきの民営化の問題にたちかえりますと、ゴミの収集を有料化すれば、それを商売にする企業がたくさん出てくるはずです。産業廃棄物の場合には、たてまえとして、自分のだしたゴミは、ゴミを出したその企業がお金を出して処理することになっています。不法投棄もかなりあるようですが。

　家庭ゴミ処理の有料化だって、当然、あっていいのではないでしょうか？　どのみち税金というかたちで負担しているのですからね。じっさいに一定量以上は有料化している地域もあるようです。でも、全部有料にしたら、どういうことになりますでしょう？

　たぶん、やたらと物を買わなくなるでしょうね。たとえば、野菜だって、必要なものを必要なぶんだけ買う。使い捨て、大量消費に対してブレーキになるのではと思います。しかし、市場経済の側からいうと、消費が少なくなるのですから、そうはさせませんよね。目に見えるかたちで廃棄にお金がかからないということが、消費を支えています。ですから、お金の問題というのは重要で、ゴミというのは、資本主義経済をとらえていくときの大きなポイントになると思います。

❹ リサイクルの文化をどう考える

かつて農村では、廃棄物もひとつの経済活動に転化されていました。江戸時代でも、ものすごくたくさんのくず屋さんがいました。ヨーロッパもおなじで、パリなんていうのは、くず屋さんの街ですね。そこでは、リサイクルということで、廃棄の過程も市場経済のメカニズムのなかにはいっていたということです。

ただ、リサイクルするために必要なのは、分別収集ですね。東京都もさかんに分別収集をいっていますが、あまり説得力はありませんね。たとえば、お弁当を買ってきて食べたあと、残った食べものと、はしと、空箱と、ビニールのしょうゆ入れとを分けるのはめんどうですね。そういうめんどうなことをするよりも、ぼくの住んでいる市なんかもそうですが、性能のよい炉を買って、全部、燃やしています。だから、分別する必要のないところが多くなっています。しかし、分別収集をやめるということは、リサイクルへの道をふさぐことになります。リサイクルはめんどうなことですが、自分たちのゴミの捨て方と関連させながら考えていくと大切なことなので、社会科で、「ゴミを分別すること」をとりあげるといいと思います。

3 歴史教育に求められているもの

❶ 行為によって知的思考が獲得される

このかん、『ひと』七、八月号の編集実務を担当しながら、ぼくは、くりかえし、ジャン・ピアジェのある論文をおもい起こしていた。一九四八年に書かれた文章で、表題は「現代世界における教育を受ける権利」(秋枝茂夫訳『教育の未来』法政大学出版局所収)。

タイトルからもわかるように、この論文は、国際連合で採択された世界人権宣言の、とりわけその第二六条にたいする解説として書かれたものだ。

「すべて人は、教育を受ける権利を有する」ではじまる、あの有名な条項である。

教育を受ける権利を外形的に理解すれば、それは制度化された学校に通う権利、ということになるだろう。冗談じゃないよ、という声は喉《のど》もとにとどめよう。「教育を受ける」ことが権利の名において語られるとき、それはどういうこととして考えられていたのだろうか? その回答をまずはピアジェの文章のなかにさぐってみたいのだ。

端的にいきたい。人はすべて教育を受ける権利を有する、ということは、ピアジェによれば、人はすべて理性を完全に行使する能力を獲得する権利を有する、ということなのだ。つまり、人はすべて、かしこくなる権利をもつ、ということだ。

「すべての人は、自己形成の期間中、学校という教育環境に身をおき、人間が社会に適応してゆくために不可欠な、論理的思考操作という道具を調整し完成する権利を有する」のだ。

そして、と、ここからがわれわれの本題になるのだが――この論理的知能とでもいうべきものは、以下の二つの条件なしには、発展もしなければ精緻化もしない。


自発的な活動。

他者との相互交流。


第一の「自発性」の原則について、もうすこし述べてみたい。

論理的思考のはたらきは、もともと、一つの行為である。類別したり、結合したり、分離したり、系列化したり、逆転したりする現実的な行為が心内化(外的な行為を心的な操作におきかえること)して、そこに論理的思考が発生する。行為がかたちを変えて思考となるのだ。はじめに行為ありき。

ということはとりもなおさず、論理的思考のはたらきは、たんなる言語の訓練では構成できない、ということだ。みずから対象にはたらきかけ、発見し、創造する行為によって、はじめて知的思考の全体的な仕組みがかたちづくられていくのである。

ピアジェはいう。

「ピタゴラスの定理を覚えたからといって、自分の理性を自由に行使することができるようになったわけではありません。この定理があることを自分で発見し、その証明を自分で見出し得たときに、はじめて、自己の理性を自由に行使することができるようになるのです。知的教育の目的とするところは、出来合いの真理を記憶したり繰り返したりできるようにすることではありません。それというのも、模倣して繰り返された真理は、半真理でしかないからです。現実的・実践的行動をおこなえば、いろいろ廻り道することを余儀なくされ、時間を失うこともありましょう。知的教育の目的は、それを覚悟のうえで、真なるものを自分の力で獲得することを学ぶところにあるのです」

❷ 歴史家の「仕事場の経験」を共有する

ピアジェがここで例にあげているのは数学であるが、例が歴史や地理であれば、話は別なのだろうか？　地歴や自然科学といった事実的知識を教える教科目でも、自発的・実践的な活動はおなじように重要だ。「事実的知識の価値は、その知識がいかにして得られたかという発見過程の如何により、高くもなれば低くもなる」のだ。

それにつけても、歴史の教科書は、どうしてあれほどに歴史の叙述のみによって占められていなければならないのか、それが、ぼくには疑問でならない。

歴史叙述は、歴史家によって〝究明〟された諸事実の叙述だ。諸「事実」が究明されるプロセスは、舞台の裏側にかくされている。資料の発見や分析の過程はブラックボックスのなかにおかれていて、完成品としての知識だけが読者のまえにさしだされるというかたちに、それはなりやすい。歴史叙述は、多かれ少なかれ、読者を受け身の立場に固定する危険性を、そのうちにふくんでいるのだ。

その危険性が最悪のかたちで露呈しているのが、学校の歴史の教科書だろう。それは、まちがいのないものとして受けいれ、覚えこまなければならない「出来合いの真理」、国家のお墨つきをうけた「確定的真理」の結晶物だ。事実的知識がそんなしかたで子どもたちに伝えられていくことは、当の知識にとって幸いなことであるとはいえない。

一度でも自分で土器をつくると、土器を見る目がちがってくるように、資料から歴史的事実を再構成する過程をすこしでも体験すると、叙述を読む目もまた、ちがってくる。いま、歴史教育においてなによりも必要なことは、歴史家の仕事場の経験を、共有できるかたちで子どもたちに向かって解放することではないだろうか?

得られる歴史の像そのものにもまして、その像が結ばれるにいたるまでの作業のプロセスが、歴史研究のほんとうの醍醐味《だいごみ》であることを歴史家たちは知っているはずである。事実を知るだけでは十分ではない。事実を知ることの喜びを知ることが重要なのだ。

❸ すべての人が歴史家になる

『ひと』一九八八年八月号で中沢賢一氏が紹介されているイギリスのスクールズ・カウンシルの歴史カリキュラム(「『事実』を推理して歴史を書く」)は、その点に着目した歴史教育改革の試みとして、とても興味ぶかい。変死者が道路の側溝に倒れていたときの状況と、財布のなかの遺留品から、かれの前日の足どりを追跡したり、現場で何が起こったかを推理していく捜査官まがいの考証は、歴史の授業の通常のありかたから見ると奇妙なものに思えるかもしれないが、証拠をもとにして「事実」を構成していく歴史家たちの仕事の要諦《ようてい》を、このようなかたちでシミュレーション(模擬実験)にしたてた着想は、脱帽ものといわざるをえない。

この捜査の要領をもっと古い過去のできごとに適用すれば、それは歴史研究の作業そのものになっていく。証拠からできるだけ多くの情報をひきだし、解釈を構成する。さらには証拠そのものの性格や信《しん》憑《ぴょう》性の吟味も必要になる。そうした活動をとおして、子どもたちは、いわば小さな歴史家になるのだ。また、『ひと』のおなじ号の市橋秀夫氏の「ヒストリー・ワークショップとは何か」のなかで紹介されているイギリスのヒストリー・ワークショップの運動についても、おなじことがいえるだろう。ワークショップという方法は、ほんらいは演劇運動のひとつの形態としてうまれたものだ。舞台のうえでは、できあがったドラマが上演される。観客は客席でそれを見る。しかし、芝居のもっとも大切な部分である稽古場の経験は舞台の裏にかくされていて、観客にはそれが見えない仕組みになっている。ワークショップは、観衆である普通の人びとが、稽古場のできごとに参加する演劇形式、上演よりもむしろ稽古のプロセスを人びととともに共有する演劇運動である、といってよいだろう。ヒストリー・ワークショップの運動もまた、歴史の「稽古場の経験」を非特権化し、解放する運動であった。すべての人びとが歴史家になる。歴史はもはや舞台のうえでくりひろげられる完成品としてのドラマではなく、観衆たちによって描かれ、吟味され、修正され、接合される一つ一つの諸事実の、多くの隙間をふくんだ構成物となるのだ。

❹ 思考能力は対話と論争によって育つ

生徒の自発的な活動を軽んずる伝統的な学校では、当然、教育は先生から生徒への一方的な働きかけとして成立することになり、生徒どうしのヨコのコミュニケーションや協力は、教科の授業の場面でも、また学校生活のほかのさまざまな領域でも、弱まっていくことにならざるをえない。だが、論理的な思考能力や道徳的な人格は、対等な他者との自由で活発な相互交流によってかたちづくられていくものだ。生徒を分断して、相互のコミュニケーションをますます空洞化させていくような〝勉強〟が、かれらの精神発達にあたえる負の影響は甚大だ。

知的な相互作用を経験することなく育つことによって精神がおびるひずみは、自己中心的思考と主観主義への固着というかたちで、人間の思考と行動のなかにあらわれてくる。他者との交渉のすくない環境のなかでは、歴史的思考もまた、とかく独善的になりがちだ。証拠にもとづいて考え主張すること、多角的で複眼的な事実の把握、そうした心的態度は、自分とは異なる考えをもつ他者との不断の対話や論争のなかではぐくまれていくものであるからだ。

だから、ピアジェはいう。

「知的な活動をおこなうためには、(生徒どうしが)おたがいにたえず刺激しあうことが必要でありますが、そのうえさらに、たがいに検討しあい、批判的精神を働かせることが必要です。この二つの行為により、個人は、客観性とは何であるかを知り、証明の必要性を知るようになります。論理による思考作業は、他から切りはなされた個人的作業ではありません。実のところそれは、つねに共同的な作業なのです」

二号にわたった『ひと』の歴史教育の特集のなかで大きくうかびあがってきたひとつの論脈、それは自己相対化の方法としての歴史教育、という思想《コンセプト》であった。

一九八八年八月号の「歴史をみる視座の転換」(池明観)、「他者の立場にたって『世界史』をみる」(吉井友二)、「歴史を見る眼をひとつに方向づけてはならない」(重政文三郎)のなかに、それはとりわけ鮮明に表明されている。

自己中心的・主観主義的態度からの脱却は、個人の知的・道徳的成熟の度合いを示すバロメーターであるが、個人についていえることは民族についてもいえるであろう。自民族中心主義からどれだけ自由であるかは、その民族の social intelligence の成熟度をあらわす指標なのだ。この集団的知性の発達と、歴史教育はふかくかかわっている。

『ひと』特集号の筆者たちが、歴史を見る視座の転換の重要さを強調するのは、まさに、それゆえであると思われる。

「日本の歴史、日本における認識と生活習慣になじんでいて、その目でアジアをみては、すぐに価値的判断をする。そして、日本はいいが、よその国は悪いという考え方をもってしまう。それではけっして正しい認識は成立しない」(『ひと』一九八八年八月号・池明観)

吉井友二氏の授業で、生徒たちは、スペイン人の視座で書かれたマゼランの世界周航の叙述を、フィリピンのラプラプの立場から、あらたにとらえなおす。おなじように、日露戦争における日本の勝利は、中国の民族運動家の視点とことばでえがきだされる。自国の歴史を他民族の立場からとらえなおす。固定した自分の視座からは見えてこない歴史のもうひとつの貌《かお》が、そこに浮上してくる。

人間はけっして同一ではない。おなじように世界もまた、けっして一つではない。だから、自分のアタマで考えるだけでは十分ではないのだ。相互性の場に身をさらすということは、他人のアタマで考えるということであり、三人称で自分を語る、ということである。歴史教育は「他人のアタマで考える」ひとつの知的冒険でなければならないのだ。

4 戦争のなかでも一人の人間としての行動が問われる

❶ 被害者の視座から加害者の視座へ

「かっこいい！」
「そうこなくっちゃ」
「日本人にもそういう勇気のある人がいたんだ」

関東大震災時の朝鮮人大虐殺という、つらい事実を知った子どもたちが、そのあとで、命がけで朝鮮人をかばったひとりの警察署長の話をきかされて、ちょっとほっとした気分で叫んだ喚声を、千葉喬子さんはそんなふうに記録しています。（授業記録「なぜ、関東大震災の朝鮮人大虐殺は起こったのか」『ひと』一九九二年二月号。）

全体としてはやりきれない事件のなかの、これは数少ない感動的なエピソードで、だからこそ、その話に接した子どもたちは思わず快哉の叫びをあげたのでしょう。

『ひと』一九九二年三—四月号に連載された千葉喬子さんのもうひとつの授業「アンネ・フランクと杉原千畝《ちうね》とワイツゼッカー」では、外務省の指示にそむいて亡命ユダヤ人にあえてビザを発給し、六千人の命を救ったリトアニア駐在の外交官・故杉原千畝氏の事蹟がクローズ・アップされています。

どちらも例外的なエピソードといってしまえば、それはたしかにそのとおりです。にもかかわらず、千葉さんがこうした話に注目し、しばしば歴史の授業でそれをとりあげる理由はなんなのでしょう。たえがたい話がつづくので、ときには救いのある話もいれてバランスをとらざるをえない、という事情もたぶんあると思うのですが、しかし、どうもそれだけではないようです。

『ひと』一九九二年七月号にのった千葉さんの授業もまた、太平洋戦争下のインドネシアにおいて日本が犯した数多くの過ちを伝え、考えるための授業で、前半では占領国日本がオランダ人捕虜に対しておこなった残虐行為が、そして、本題の後半では日本軍政下でのインドネシア民衆の受難と抵抗が、多くの事実と証言をとおして語られています。

太平洋戦争では、日本人じしんも大きな苦難を経験しています。広島・長崎の原爆、東京大空襲、出征したままついに戻ることのなかった父や息子たち。

戦後の数多くの戦争学習で語られてきたのは、そうした日本人じしんの受難の物語でした。つまり、被害者の立場から見た戦争の歴史でした。

そのことを念頭においてのことだと思うのですが、千葉さんは「太平洋戦争を、加害者としての立場から授業しておこう」と書かれています。「自分の物語」を語るだけではなく、その「自分の物語」を、日本の戦争と侵略によって大きな被害をうけた他民族の物語とかさねあわせて、いわば他者の目でとらえかえすことが、われわれの歴史的思考をより成熟したものにしていくうえで決定的に重要であるからです。

このような視点で太平洋戦争をとりあげたパイオニア的な教育実践として、本多公栄氏の『ぼくらの太平洋戦争』(鳩の森書房)がよく知られています。一九七二年に東京の中学校でおこなわれた戦争学習の実践記録で、翌七三年に公刊されています。

この実践記録は、しかし、「授業」の記録ではありません。生徒たちが自分でいろいろ動いて、最終的に、『太平洋戦争を考える』という文集をつくるのですが、その文集を再録し、経過を紹介したのが本書なのです。

ことの発端は、一枚のプリントでした。学期末のある日、二年生の生徒たちに一枚のプリントがくばられます。アジア諸国の教科書の抜粋でした。生徒たちは、その記述をとおして、日本の教科書が黙して語ろうとしない太平洋戦争下の侵略者としての日本の姿に対面します。そして、プリントには、「このプリントをよく読んだうえで、アジアの友に手紙をかきなさい」という課題がひとつそえられています。

太平洋戦争の「授業」そのものはすでに終了していたので、本多さんとしては、授業のしめくくりのつもりでこの課題をあたえたのですが、生徒たちは、自分たちの手紙をぜひ「本」にして、アジアの中学生にとどけたいといいだすのです。

「加害者としての日本」をしっかりと視野にすえたこの戦争学習は、反発をもふくめてさまざまな反響をうんだようですが、そういえば、他民族の視座を媒介とするあたらしいスタイルの歴史学習の実践が、この時期以降、だんだん現れはじめているようです。本多氏の実践もそうした流れのなかに位置づけて考えるべきことなのでしょう。日本資本の対アジア進出が本格化し、東南アジアの各地で反日暴動がおこる、まさにその時代でもあるのですが。

❷ 臭いものにふたする日本人の「誇り」とはなにか

ところで、生徒たちの「手紙」、それから、その手紙を読んだ親たちの感想を、いま読みかえしてみると、さまざまなことに気づかされます。生徒たちの手紙に共通に流れているのは「慚愧《ざんき》」の感情です。「とても恥ずかしいことです。しかし、日本軍のとった態度を知ったいま、私は前以上に日本国民であることを恥ずかしく思っています。日本軍が、アジア国民に対してあんなひどいことをしたなんて……」

その歴史的事実を認め、罪を謝したうえで、しかし、生徒たちは、「いまの日本はちがう」と主張します。そして、いまのわれわれを信じてほしいと、アジアの友にうったえるわけです。

大人たちの反応(とくに父親の反応)は、かならずしもそうではないようです。

「まるで大東亜戦争の懺悔録だ。戦争を知らない子どもが何のために懺悔しなければならないのか。歴史のひとこと《（ママ）》として、旧日本軍の残虐行為は率直に認めるべきであろうが、しかし、植民地解放のために一つのきっかけになったことも、また事実であろう」

「大多数の生徒が何か悪いことでもしたような感覚で書いているが、あやまってすむ問題でもなく、また彼らにとって何らかかわりのないことである。もっと今後の建設的意見がほしかった。とくに日本は戦争により食糧も資源もなくどん底からここまで成長したのだから、アジア諸国も努力すれば現在の日本の姿に近くなれるはずであり、また努力すべきである」

「アジアの各中学生にいま頃、『お詫び』を言う必要はない。日本が戦争に敗れた後のアジア諸国のどの国に、真の平和が訪れたか」

「昔もいまも良し悪しはその時代によって異なると思う。……中略……軍隊において命令一下、命をはってはげんできたことが、ばかげたこと、残酷なことの一ことでかたづけられてしまっているのは、非常に心外である」

親たちに配られた文集には、かんじんのアジアの教科書が掲載されておらず、父母は生徒の感想文だけを読んで反応したので、こんな意見が続出したのではないだろうか、と本多氏は反省をまじえて述べています。ともあれ、「いまの日本」「いまのわれわれ」の現実の姿がここに映しだされているといえましょう。

日本軍の蛮行のかずかずを恥じながら、でも、「日本人もまんざら捨てたもんじゃない」と思いたいのは、大人でも子どもでもおなじでしょう。

千葉さんの授業記録も、本多氏の生徒たちの文集も、子どもたちのそういう心のうごきをたいへんよく伝えています。子どもたちのまえにさしだされる歴史のページには、ほんとうは知りたくない事実、できることならば目をそむけたくなるような事実が充満しています。そして、民族の誇りを傷つける、そんな事実はいっそ塗りつぶしてしまえ、という考えかたは、日本の民衆のなかにも根強くいきています。

千葉さんは、さきのワイツゼッカーと杉原千畝の授業のなかで、ワイツゼッカー大統領の演説を読んで生徒たちに問いかけています。

「どう。ワイツゼッカーさんはなんて言ってる?」
「罪を認めようって言ってる」
「ほんとうに起こったことをしっかり見つめようって言ってるよ」
「そうだね。政府のえらい人が自分から進んで罪を認めようって言ってるんだね。こういう態度が世界中から尊敬されてるんだよ」

そうなったときに、はじめて「日本人もまんざら捨てたもんじゃない」ということになるのでしょうが、千葉さんのクラスの子どもたちは「先生、日本はそうしてないんだよね」とつぶやいています。

「どうして、生徒はあんなにあやまってばかりいるのでしょうね」

「あんなにあやまってばかりいては、卑屈な人間になってしまうのではないかしら」

母親たちのそんな声を本多さんは記録しています。

臭いものをふたでおさえて「誇り」をささえる日本人の卑小な姿が、逆に人間の誇りと尊厳のあるべき姿を暗示しています。

❸「悪いのは国家だ、天皇だ」という発想を超えて

それにしても、「あやまってばかり」いたんじゃしょうがないよ、というつぶやきは、ぼくじしんの心のなかからも、やはり聞こえてきます。母親たちが言おうとしていることも、あるいはそういうことなのでしょうか。

アジアのどの国の教科書にも、わたしたちだけが巧みに「忘れて」きた、わたしたちの負の歴史が記録されています。そうした過去を直視することから、わたしたちが得るものは、落胆と罪障感だけではないはずです。悪しき過去から、よき未来への知恵をすくいとるためには、そこに「問い」を投げかけることが必要でしょう。歴史は認識する行為です。父や祖父の行為を謝罪するためではなく、自分たちじしんがいまをよりかしこく生きるために、われわれは過去と対話するのです。

『ぼくらの太平洋戦争』には、「戦争の張本人は誰だ」という見出しで、戦争責任をとりあげた何人かの

生徒の「手紙」が収録されています。これもまた、ひとつの「問い」であることは、たしかです。

そのなかの気になる文章を、いくつか摘記してみます。

「あなたがたが学んでいる教科書を読んで、あの頃の日本の残虐さがよくわかりました。アジアの人々が日本のことをよく思わないのは当然でしょう。あの頃の日本は血に飢えた狼のようで、戦争を好み、利益を得ようと必死でした。しかし、日本人全部が戦争に狂ったのではないことも知ってもらいたいと思います。当時、日本人は、一部の帝国主義者がうまい汁をすうために言った、うまい口実にひっかかってしまったのだと思います」

「日本軍のしたことは、まったくひどいことばかりだったと思う。……殺したのは確かに日本人である。しかし、その人々が好んで殺したのではない。そのようにしむけた日本の教育と、命令し、殺さなければならなくさせた一部の日本人のこと。彼らに恨みをもつのはよいけれど、日本人民すべてが残酷な人間だと思わないでほしい」

「日本の国では天皇が神として絶対的な権力をもっていました。その権力を使って、軍閥は政治を動かしていたのです。軍からの命令は天皇の命令とされていて、上官が死ねといったら天皇が死ねと言ったのと同じこととして下官はいさぎよく死んだのです。このころの国民は、そういうようにして天皇、軍閥におさえられていたのです。

皆さんの国の父さん母さんに戦争のことをきけば、日本軍はひどいことをするやつだと言う人がきっといるでしょう。それは、日本人が悪かったのではありません。天皇軍閥が悪かったのです」

「原住民の人々の心に大きな傷を残した太平洋戦争ではあるが、責任は天皇とまわりの東条らにあると思う。天皇が戦争をやめろといったら、やめられたと思うから。天皇を批判することは結構だが、日本国民を批判するのはやめてほしい。なぜなら、日本国民も戦争の犠牲者だからである」

ほとんどすべての文章に、共通したひとつの発想が流れています。

「あの当時の日本人としては時代の流れに従って全体主義国家の人民としてやむを得ない点もあったのではないでしょうか。……ですから再びそのような国家体制をとらないように努力すべきだと思います」

という大人の発想と、それは過不足なく重なりあっています。

❹ どんな状況のなかでも、自分の行動をえらぶ自由と責任がある

すべては天皇と軍閥の欺瞞と強制によっておこなわれたという主張のうえにたって、民衆の戦争責任が免責され、天皇や「一部の帝国主義者」たちが断罪されているわけですが、これが天皇制的な思考の見本であることはいうまでもありません。

「戦争の張本人」を天皇ではなく、より非人格的なシステム(資本主義・帝国主義)に求めたとしても、思考のパターンとしては、それはまったく同質でしょう。

「張本人はだれか」

おそらく、投げかけるべき問いが、すこしばかり「ずれて」いたのでしょう。その結果、歴史をよくも悪くも動かしていく、複合的な力のひとつとしての、普通の人間たちの位相や責任が、大きく視野から欠落していくのです。

もっともこんなことを書いている生徒もいます。

「どんな理由にしろ戦争はいけないことです。それなのに、それを阻止できなかった。非国民といわれるのがこわくて、内心わかっていてもひどいめにあうのがこわくて、ただなりゆきにまかせて自分の意志をおし殺してきたそんな国民なのです。いまは一応平和ということになっていますが、いつまで続くか。くずれたときに私たちはささえなくてはならない。それが私たちが人間としてしなくてはならないことだし、あなたたちの国へのつぐないにも通じるのではないかと思います」

たとえば、アゴンシーリョの『運命の歳月』(二村健訳・井村文化事業社)のような良質なドキュメンタリーは、フィリピンの占領地における日本兵の残虐非道な蛮行を仮借なく描きだしながら、まれに意外な人間性を発露する兵士の存在を注意ぶかく書きとめています。なにをしても許されると考える魂なき「天皇の」兵士と、越えてはならぬ一線で踏みとどまることのできる自分をもちこたえた正気の人間とが、おなじ軍隊のなかにも、やはりいたのであって、日本兵のすべてが一律におなじ行動をとったわけではないのです。たとえ小さなものとはいえ、その差異は重要でしょう。どんな状況のなかでも、自分の行動をえらびとる自由と責任が人間にはあるということを、そのささやかな差異が示しているからです。

❺ ひとりの人間としての判断がせまられるとき

関東大震災のさいに命がけで朝鮮人をかばったのは先の警察署長だけではなく、市井の庶民のなかにも、そういう人びとが少数ではあれ確実にいたことを千葉さんは前記の授業のなかで紹介しています。

この授業で子どもたちが示した強い反応が呼び水となって、つぎの「杉原千畝」の授業が構想された、ということでしょうか。時代の大勢におし流されることなく、自己の責任において行動する人間の姿をほりおこす、ということに狙いをおいて、この授業もまた組まれています。

それは、たんに美談や救いのあるエピソードを授業のそこここに挟むということではないでしょう。わたしたちが時代とどう切り結ぶのか、という問いと、それは不可分です。

生徒たちの「手紙」のメッセージとは逆に、私たちの国家と企業は、ふたたび、かつ隠然と、その支配の触手をアジアの国ぐにに張りめぐらしつつあります。

「このまえは軍服姿でやってきた日本人が、また背広姿で、この国をふみにじっている」

アジアの友人たちは、口ぐちにそういいます。

そして、全体主義や天皇制の呪縛から、わたしたちはまだ、解放されているわけではありません。天皇への忠誠も、企業への忠誠も、その根はひとつです。アジアへの侵犯をささえる担い手たちの心根は、じっさいのところ、なにひとつ変わってはいないようです。

歴史は単純ではありません。

本多さんの本を読むと、「日本の侵略によってアジアの国々は独立した」と主張するひとが戦中世代の親のなかにひじょうに多いことに驚かされます。この主張じたいは自己欺瞞というべきでしょうが、しかし、たとえば、千葉さんが授業でとりあげているインドネシアについてみても、日本軍の占領によって三百数十年にわたるオランダの植民地支配が命脈をたたれたことは、やはり否定できない事実でしょう。日本の軍隊がインドネシアの独立をほんとうに企図していたわけではないことはもちろんですが、それをきっかけとして利用しつつ独立を自力でかちとろうとしたインドネシア人はすくなくはなかったようです。そうした民衆の希望やたたかいに自分をどう関係づけるかという点での選択は、侵略者である日本軍兵士のあいだでも、おそらく一様ではなかったはずです。

わたしたちの目のまえにいるのは、いつか、背広の企業戦士として、アジアのどこかに赴任することになるのかもしれない生徒たちです。

一度システムのなかにはいってしまうと、もう個人の選択の余地はないと、われわれは思いこみがちです。そして、判断と責任を放棄してしまうのです。

機構をうごかしているのは人間であり、人間はけっして一様ではありえない存在です。具体的な現場のなかでかれがくだす一つひとつの選択のなかに、そのひとなりの微妙な偏差があって、かれの人間としてのありようのいかんによって、その偏差の向きは意外に大きくちがってくるように思うのです。

民族・国家・階級などという集合的主体のレベルで語られる歴史と、諸個人の「私の歴史」とのあいだには多かれ少なかれ、ずれやきしみ、摩擦や抵抗があるはずです。そうした細部の事実のなかに人間が生きているのです。戦争のなかで一人ひとりの人間はどう行動したのか、それを問うことは、わたしたちが、歴史のなかにいる自分を発見していくための不可欠の手だてでもあるのでしょう。

【注】 この小文を書くにあたって下記の書物から刺激と示唆をうけました。

津野海太郎『物語・日本人の占領』(朝日選書)、S・タクディル・アリシャバナ『戦争と愛』上下(後藤乾一編訳、井村文化事業社、原題『Kalah dan Menang』〈敗北と勝利〉)、高橋彦博『民衆の側の戦争責任』(青木書店)

後記

村田栄一氏との共著(『もうひとつの学校に向けて』筑摩書房)を別にしますと、この本は私のはじめての教育論集ということになります。求めに応じてそのつど書いた教育についての文章はかなりの量になるのですが、もともと書物としてまとめる気はなかったので、論題も形式もてんでんばらばら、本にするにしても題名のつけようがあるまいと思っていました。

そうした雑文が浅川満氏のご努力、というよりはその魔術で、とうとう一冊の本になってしまいました。論文の選定・配列などはすべて氏にお任せしました。ただ、「他者とともに世界をつくる」の討論の部分は、私のわがままをおしとおして、あえて全文を収めさせていただきました。他の二氏の報告なしに討論だけを読まされる読者は心外に思われるかもしれませんが、内容的な重要性は、私の報告よりも、むしろ討論のほうが高いと判断しています。

校正をおえたいま、気紛れに書き散らしてきたこれらのテキストが、意外にも相互にささえあって一つのコンセプトらしきものを主張していることに、われながら驚いています。そうした思いがけぬ〈自己発見〉の機会を与えてくださった浅川氏をはじめとする太郎次郎社のみなさんがたのご厚意にあらためてお礼を申し上げます。

各論文の初出は以下のとおりです。その節、お世話になった編集担当者のみなさん、どうもありがとうございました。

一九九四年七月

里見　実

【初出一覧】

I―1　脱学校の思想　碓井正久・村田栄一編『二〇世紀の教育基本書』自由国民社一九八九年。原題「ラジカルな学校批判をめぐって」

2　学校と学校文化を考える　『新地平』一九八六年二月号。特集「学校―教育の現在」。

II―1　なぜ、フレネか　フレネ教育研究会・九三年度会報　『ひと』一九九四年八月号に再録。

2　コミュニケーションの再構築　同上『ひと』一九九四年九月号に再録。

3　「制度のペタゴジー」をめぐって　『ひと』一九九四年十月号・十一月号。

III―1　見えないものを見る力　『ひと』一九八二年七月号

2　他者とともに世界をつくる　『日本文学』一九九一年二月号

3　詩の授業とはなにか　授業・「春」を検討する　『ひと』一九八九年四月号。

4　技術の蓄積よりも趣味の変革を　『教育技術の法則化症候群』解説・太郎次郎社　一九八九年。

IV―1　富裕化社会の危機から生まれる新しい問い　『ひと』一九九一年三月号。

2　「廃棄物」の問題を授業化する視点　『ひと』一九八八年七月号。

3　歴史教育に求められているもの　『ひと』一九八八年九月号。

4　戦争のなかでもひとりの人間としての行動が問われる　『ひと』一九九二年七月号。

学校を非学校化する

新しい学びの構図

一九九四年十月三十日　初版発行
二〇二三年五月二十日　オンデマンド版発行

著者……………………里見 実
装幀……………………箕浦 卓
イラスト………………平澤 一平
発行所…………………株式会社太郎次郎社エディタス
東京都文京区本郷三―四―三―八階　〒一一三―〇〇三三
電話 〇三―三八一五―〇六〇五
FAX 〇三―三八一五―〇六九八
http://www.tarojiro.co.jp/
印字……………………コーヤマ＋イノックス
印刷・製本……………大日本印刷
定価は表紙に表示してあります
ISBN978-4-8118-0496-5 C0036

里見 実（さとみ・みのる）
1936年生まれ。國學院大學名誉教授。主著に『パウロ・フレイレ「被抑圧者の教育学」を読む』『働くことと学ぶこと』『学ぶことを学ぶ』『学校でこそできることとは、なんだろうか』『ラテンアメリカの新しい伝統』など。おもな訳書に、パウロ・フレイレ『希望の教育学』、ピーター・メイヨー『グラムシとフレイレ』、セレスタン・フレネ『言語の自然な学び方』、ベル・フックス『とびこえよ、その囲いを』(監訳)、アウグスト・ボアール『被抑圧者の演劇』など。

……里見実の本……

学ぶことを学ぶ　里見実＝著

空洞化した教えや学びを根底から問い直し、新しい学びのイメージを創出するには。言語をとおし身体を媒介にして、世界に働きかけ、自ら獲得する学びとは。「学び方を学ぶ」ことからの出発、その大学での実践。◆四六判上製／二〇〇〇円＋税

学校でこそできることとは、なんだろうか　里見実＝著

子どもたちが集まって、ひとつのことがらを、協働的に、持続的に、かつ知的に追究できる場として、学校以外に現在、どのような場があるだろうか。出口のみえない学力論争を超え、「人として育つ」ための学びへ。◆四六判上製／二四〇〇円＋税

パウロ・フレイレ「被抑圧者の教育学」を読む　里見実＝著

人間の非人間化に抗い、自由への翻身の契機を探りつづけたブラジルの教育思想家パウロ・フレイレ。世界中で読み継がれているその主著を読み解く。ポルトガル語版オリジナル・テキストからの訳とともに。◆四六判上製／二八〇〇円＋税

希望の教育学　パウロ・フレイレ＝著／里見実＝訳

いまある状態がすべてではない。ものごとを変える、変えることができる、という意志と希望を失ったそのときに、教育は、被教育者に対する非人間化の、抑圧と馴化の行為の手段になっていく。フレイレ晩年の主著。◆四六判上製／三二〇〇円＋税

＊表示は本体価格です